Pe. FLÁVIO CAVALCA DE CASTRO, C.Ss.R.

ESPIRITUALIDADE CONJUGAL

Para casais que me fizeram crescer

EDITORA
SANTUÁRIO

Dados Internacionais de Catalogação na Publicação (CIP) de acordo com ISBD

C355e Castro, Flávio Cavalca de

Espiritualidade conjugal: para casais que me fizeram crescer / Flávio Cavalca de Castro. - Aparecida : Editora Santuário, 2024.
112 p. ; 10,5cm x 17,5cm.

ISBN: 978-65-5527-465-3

1. Religião. 2. Cristianismo. 3. Espiritualidade conjugal. 4. Oração. I. Título.

2024-4084 CDD 240
CDU 24

Elaborado por Vagner Rodolfo da Silva - CRB-8/9410

Índice para catálogo sistemático:
1. Religião : Cristianismo 240
2. Religião : Cristianismo 24

1ª impressão

Rua Pe. Claro Monteiro, 342 – 12570-045 - Aparecida-SP
Tel.: 12 3104-2000 – Televendas: 0800 - 016 00 04
www.editorasantuario.com.br
vendas@editorasantuario.com.br

1

A ESPIRITUALIDADE EM GERAL

Que é espiritualidade

Temos de começar com uma pergunta: que vem a ser espiritualidade? Geralmente, confunde-se espiritualidade com piedade. De modo geral, quando falamos em espiritualidade, estamos usando a palavra para indicar preocupações com as coisas do espírito, em oposição ao cuidado com as coisas materiais. A espiritualidade consiste em procurar desenvolver aquilo que há de espiritual no homem, incluindo uma variedade muito grande de realidades. Espiritualidade pode ser entendida também como um ideal, uma proposta de vida. Aqui tomaremos a expressão em um sentido mais estrito.

Nesse sentido, espiritualidade, como parte da teologia, é uma apresentação sistemática da doutrina e da prática da procura da perfeição cristã, conforme as diversas situações e os diversos estados de vida. É nesse sentido que poderemos dizer que para os casais existe uma espiritualidade própria, um caminho próprio para chegar à perfeição da vida cristã. Podemos ainda falar de espiritualidade enquanto maneira de cada ordem e congregação religiosa, ou movimento, encarar e pôr em prática as propostas do evangelho, dando um enfoque especial a este ou àquele aspecto. Assim podemos falar de espiritualidade franciscana, redentorista, das Equipes de Nossa Senhora e outras.

A vida cristã

Se a espiritualidade tem por finalidade levar à perfeição da vida cristã, em que consiste a vida cristã? Que entendemos por isso? Conforme a doutrina cristã católica, por bondade e misericórdia de Deus, recebemos a possibilidade de participar na vida do próprio Deus. Já como simples criaturas humanas, recebemos de Deus imensas possibilidades: inteligência, liberdade, senso artístico, capacidade de relacionamento e comunicação. Mas tudo isso conserva-nos no nível meramente humano. A mensagem da Escritura, a mensagem do Cristo, é que Deus não nos quer simplesmente como criaturas. Ele nos quer como *filhos* e *filhas*, o que é muito mais. Filho, filha de Deus é quem participa da natureza do próprio Deus, quem recebeu enfim uma característica nova, uma qualidade nova, que lhe vem de fora, mas é ao mesmo tempo uma característica que atinge seu próprio modo ser.

Lembrem-se daquela frase de São João: "Nós somos chamados filhos de Deus"; mas, ele logo completa: "Não apenas fomos chamados, nós somos filhos de Deus". Acontece em nós uma transformação qualitativa. Continuamos sim, sendo homens e mulheres, mas homens e mulheres envoltos na realidade de uma maneira nova de viver. Insisto: essa maneira nova de viver não está apenas em nossa maneira de ver, de pensar. Não é apenas nossa maneira de nos relacionar com Deus. É algo mais profundo. Atinge nosso próprio ser. Somos transformados tanto, que essa transformação é descrita pelo Novo Testamento exatamente com essa palavra *vida*. "Quem crê em mim terá a vida eterna" (Jo 6,47). Logo pensamos em vida eterna depois da morte. Não. O sentido é outro; vida que dura para sempre, já, agora. Já, agora, estamos vivendo essa vida eterna, que se opõe à vida pura e simplesmente humana. Já, agora, somos filhos de Deus, ainda que, no dizer de João, não se tenha manifestado plenamente o que somos e o que podemos ser (1Jo 3,2).

Essa participação na vida divina é apresentada no Novo Testamento como novo nascimento, regeneração, como se nós, que fomos gerados por nossos pais, fossemos gerados de novo, regerados pelo poder de Deus (Jo 1,12-13). Ressurreição é outra palavra usada para descrever nossa nova situação. Sabemos que não apenas somos criaturas. Somos criaturas decaídas, mortas, que não têm possibilidade de, por si mesmas, procurar a felicidade e a justiça. É preciso que o poder de Deus nos faça voltar à vida, a essa vida que tinha sido planejada por Deus. Vida que é apresentada na Escritura também como incorporação. Somos incorporados em Cristo. Somos incorporados a Cristo, ou seja, passamos a fazer parte da realidade do Cristo. Com ele formamos um só corpo, uma só realidade, uma só pessoa. Essa vida nova, que recebemos, é que nos caracteriza e, no dizer de Paulo, nos dá possibilidade de viver de maneira nova, libertos, livres da escravidão do pecado que pesava sobre nós. Cristo libertou-nos, diz Paulo, para uma ressurreição, para uma vida nova. Agora somos livres, como ele deixa tão claro na Carta aos Gálatas. Porque Cristo nos deu essa vida nova, temos a verdadeira liberdade. Já não somos escravos do desejo, da ambição. Agora podemos viver na liberdade do espírito, temos em nós o alento de Deus, a vida nova que vem de Deus, por isso já não somos escravos do pecado.

Nisso consiste fundamentalmente a vida cristã: as exigências morais, as obrigações religiosas são derivadas dessa realidade. Não se pode compreender a proposta cristã, a não ser a partir dessa ideia de nova criação, de regeneração, de vida nova, que nos vem de Deus e nos transforma interiormente. Que de cegos nos torna capazes de ver; de escravos, em livres; de mortos, em vivos; de capazes apenas de odiar, de capazes apenas de egoísmo, em capazes de amar e de abrir-nos para Deus e para os outros. Fundamentalmente, o que recebemos é uma vida. Se recebemos uma participação na vida de Deus, estamos recebendo também uma participação na maneira de Deus pensar, na maneira de Deus amar, na maneira de Deus querer. Por isso mesmo a lei de Deus não é uma lei que se impõe a nós de fora. É uma lei que nos orienta a partir de dentro, a partir dessa vida nova que ele criou em nós. Sem a ajuda e a transformação que vêm de Deus, somos incapazes do bem.

Se recebemos uma vida, temos de crescer nessa vida. Porque vida que não se desenvolve não é vida. A espiritualidade consistirá exatamente no desenvolvimento dessa vida divina que Deus nos concedeu. Todos são chamados para esse desenvolvimento e para esse crescimento, e todos são chamados para essa perfeição, não apenas alguns. Todos. E mais: não apenas os cristãos. Todo ser humano, toda criatura humana, que é atingida pela graça de Deus, têm de procurar a perfeição dessa vida divina. Vamos falar de perfeição cristã, mas não vamos imaginar que vida, participação na vida divina, procura de santidade, procura de perfeição, que isso seja monopólio dos cristãos. Deus quer a salvação de todos, desde o primeiro até o último ser humano. De todos. Dos que viveram antes de Cristo e dos que vão viver até o final desta nossa realidade, em qualquer religião, em qualquer situação. É claro que, como diz o Cristo, daquele a quem mais foi dado mais será exigido. Todos são chamados à perfeição: para nós isso ficou ainda mais claro depois do ensinamento do Concílio Vaticano II. Mas nem sempre isso foi percebido com igual clareza por todos.

Concretamente, em que consiste crescer na vida cristã? Em primeiro lugar, consiste em tornar-nos mais participantes dessa vida divina. E crescemos na vida divina na medida em que somos cada vez mais amados de Deus. Geralmente, pensamos que crescemos na graça quanto mais amamos a Deus. Acontece que o amor de Deus por nós é anterior ao nosso amor por ele. Ele nos ama sem merecimento nosso, ama livremente, por isso ama cada um de uma maneira pessoal e especial. Deus não ama por atacado. E como seu amor é gratuito, não precisa amar a todos no mesmo grau. Pode amar um mais do que outro. É bom lembrar a parábola dos trabalhadores convidados para a vinha (Mt 20,1-16). Uns às sete da manhã, outros às cinco da tarde, mas todos receberam o mesmo salário. Os madrugadores reclamaram. E disse o patrão: "Qual é o dever de justiça que tenho com vocês? Posso amar, sou livre em meus dons". Isso faz parte do jogo do amor. Deus nos ama, seu amor é que nos faz melhores, desde que nos deixemos levar por esse amor. Santa Teresinha tem uma comparação que nos pode ajudar: "Tome um copo grande, encha até a boca. Tome um copo pequenino, encha até a boca. Ambos estão cheios. Em nenhum cabe mais do que ali está". Assim é conosco. Nosso problema não é ser mais do que alguém ou ser igual a alguém. Nosso problema é desenvolver ao máximo nossas possibilidades, desenvolver ao máximo os dons que o Senhor nos dá. Aliás, estão lembrados da parábola dos talentos, não estão? Um, dois, cinco, dez talentos, conforme a vontade do patrão. Quem recebeu um não pode reclamar. Quem recebeu dez não se pode gabar. Se o que recebeu um produzir mais um, receberá a mesma recompensa e a mesma felicidade que o outro que recebeu dez e produziu mais dez.

Crescer na espiritualidade é, pois, crescer na vida nova, *sendo* cada vez mais, participando cada vez mais dessa vida divina, cada vez mais orientados pelo espírito de Deus. Crescer em santidade é deixar-nos levar pelos impulsos que vêm de Deus, sem negociar, sem regatear, sem ficar com medo. É deixar-se levar. Os autores espirituais lembram que um barco, por mais bem equipado que seja, por maiores que sejam as velas, ou por mais forte que seja o motor, não irá para lugar nenhum enquanto estiver amarrado ao porto. Já perceberam que, de vez em quando, brigamos com Deus, discutimos, negociamos, regateamos? A verdade é que temos medo do que Deus possa fazer de nós. Temos medo de ser melhores.

Crescer em perfeição significa estarmos cada vez mais imbuídos das ideias de Cristo, da maneira de pensar de Cristo. Cada vez mais entregues à vontade do Pai, vontade de Deus que jamais é imposição. Vontade de Deus que é uma só: nosso bem e nossa felicidade. Crescer em perfeição é assumir, como critério de decisão na vida, a verdade e a justiça. O que Deus propõe, a maneira de pensar de Deus, sua maneira de ver, superando ideias e critérios meramente naturais. Crescer na santidade significa estarmos cada vez mais inclinados para o amor, cada vez mais inclinados para o bem, cada vez menos inclinados para o mal, cada vez mais resistentes aos imprevistos do mal. Já perceberam como somos fracos e vulneráveis diante de certas ideias que nos tomam de repente, ou se quiserem, de certas tentações que nos tomam de improviso? Facilmente, nós nos deixamos levar pelo medo, pela covardia, pela raiva, pela ambição, pela vontade de vingança e coisas assim. Crescer em santidade é desenvolver em nós uma resistência maior a esses ataques imprevistos.

Em uma palavra, crescer em perfeição significa desenvolver as boas qualidades, que

Deus colocou em nós, e enfraquecer as más, que nos são próprias. É aumentar a presença do amor em nossa vida, diminuindo o peso do egoísmo. Talvez esse seja o modo mais fácil de percebermos em que altura estamos. Quanto menos domina em nós o egoísmo, tanto mais dominará em nós o amor de Deus.

Crescer em santidade é crescer na caridade

Podem perceber facilmente que o centro da vida cristã não está no cumprimento da lei, não está nas práticas religiosas e nos atos de culto. O fundamental, o central da vida cristã, está no amor, na união, na caridade, que é o amor que Deus cria e provoca em nós, na união com a Trindade e com os irmãos. Isso quer dizer que crescer em perfeição cristã, procurar a santidade cristã significam crescer, procurar crescer na caridade. A espiritualidade cristã consiste na procura sistemática do crescimento na caridade com Deus e com os irmãos. Por isso podemos até dizer que propriamente não existe um *mandamento* da caridade. Mandamento traz logo a ideia de imposição e obrigação. O que existe é a possibilidade, a imensa possibilidade de caridade e de amor, que nos vem por dom de Deus. Porque somos filhos de uma humanidade pecadora, por nós mesmos, somos incapazes de amar. Incapazes de amar a Deus ou de amar o próximo. Por nós mesmos, somos governados e guiados pelo egoísmo.

E, na verdade, não crescemos no amor na medida de nosso esforço. Não é fazendo alguma espécie de ginástica espiritual que aumentamos nosso amor. Só podemos crescer no amor se Deus agir sobre nós. Por isso mesmo é que continuamente temos de pedir que Deus aumente em nós o amor. É preciso que o Senhor aumente sempre a pressão sobre nós, para que afinal nos deixemos levar, para que afinal sejamos capazes de abrir a porta e de nos render a sua proposta. Esse é o caminho do crescimento. Crescermos na vida sobrenatural quando somos elevados por Deus a uma participação maior na vida divina. Certo que temos de colaborar, sem dúvida. Claro que, se colaboramos, Deus nos ama mais. Mas nada disso destrói a verdade fundamental: a iniciativa é dele. Para ir para frente, dependemos totalmente de seu impulso. Ele nos ajuda até mesmo a querermos ser ajudados.

Essa realidade do amor, da caridade como centro da vida cristã leva-nos também a perceber como a Igreja existe única e exclusivamente para a caridade. O documento do Vaticano II sobre a Igreja, *Lumen Gentium*, logo no primeiro número, diz que a Igreja é instrumento de Deus para a união de todos com Ele e de todos entre si. É a primeira ideia apresentada sobre a Igreja, ideia que depois será desenvolvida sob outros aspectos em todo o documento. A Igreja existe para que possamos amar a Deus e nos possamos amar. Se uma lei na Igreja não serve para isso, não tem valor nenhum. Se uma organização da Igreja não leva a isso, é inútil toda essa estrutura criada. Tudo o que existe na Igreja existe para isso. Afinal, tudo quanto existe existe para que possamos amar a Deus e possamos viver em fraternidade. Tudo na Igreja existe para que a caridade cresça em nós.

O amor que Deus infunde, derrama em nós, necessariamente leva-nos a viver e a agir de uma determinada maneira. Por isso mesmo é que João, em sua Carta (1Jo 2,3-11), diz muito claramente: Quem quiser saber se conhece e ama a Deus, veja se conhece e ama o próximo". O amor, a fé que vêm de Deus, todos os dons sobrenaturais não podem ser percebidos por nossa inteligência, ou por nossa sensibilidade. O que podemos ver é o nosso procedimento; e se vemos que nosso procedimento caminha na direção do bem, sabemos que isso não acontece por nossa própria força. Se assim vivemos, no amor e no bem, é porque Deus está agindo em nós.

Se livremente aderirmos a essa proposta, que vem de Deus, se nos abrirmos a esse amor de Deus, que vem e nos transforma, então também iremos ser fatores de salvação e de felicidade para os outros. A vida nova, que vem de Deus, não se transmite pela palavra. Essa vida nova transmite-se vivendo. Se a vivemos intensamente, por intermédio de nós, Deus irá atingir outros. Estamos diante de uma lei fundamental: tudo vem de Deus, mas normalmente para salvar Deus usa a intermediação humana. Cada pessoa unida com Deus, podemos dizer, é um *sacramento* para a salvação de outras. Unidos a Deus pela graça, somos mais que qualquer sacramental ou símbolo religioso: somos presença e manifestação de Deus.

Se nos deixamos levar por essa vida nova, que vem de Deus, somos arrastados a uma vida, a um crescimento sem limites. Na vida espiritual nunca podemos dizer: "Basta, daqui não passo". Se de fato estamos unidos a Deus, haverá em nós um motor que nos impulsiona sempre mais para frente. O amor e a vida sobrenatural não conhecem limites. A vida espiritual consiste no amor, e o amor é incondicional e ilimitado, ou não é amor. O amor é vínculo de união e exige abnegação total. Se há tanta desunião entre nós é porque não estamos suficientemente unidos a Deus. Unidos a ele, infalivelmente, estaremos unidos entre nós. Sem essa união com Deus, não é possível compreensão entre nós. Se não vivemos essa vida que vem de Deus, não terão sentido para nós as coisas de Deus. Passaremos a raciocinar apenas a partir de nossa razão e de nossos princípios.

Uma última consideração. Por mais que nós desenvolvamos em nós essa vida divina, que vem de Deus, por mais que desenvolvamos essa caridade, esse amor, essa vida e esse amor serão apenas iniciais, enquanto estivermos nesta terra. Somente na outra vida é que poderemos dizer: "Agora sim, meu Deus, cheguei até onde podia". Se nos alegramos e nos sentimos felizes, apesar de nosso conhecimento agora ser muito pequeno, muito limitado, muito obscuro, qual será nossa alegria e nossa felicidade quando se tornar plenamente evidente para nós toda essa comunhão para a qual Deus nos chamou. Quando ficarmos sabendo como fomos de fato amados por uma infinidade de pessoas, quando afinal percebermos quanto recebemos de Deus, haverá em nós uma gratidão, uma felicidade, uma alegria infinita.

2

A ESPIRITUALIDADE CONJUGAL

Vimos em que consiste a espiritualidade cristã, qual é sua linha central. Agora vamos olhar para a espiritualidade conjugal. E podemos começar com uma observação: falar da espiritualidade conjugal, desse caminho para a perfeição cristã do casal, supõe necessariamente falar do Sacramento do Matrimônio, dessa presença continuada do Cristo na vida do casal, de tal maneira que ele pessoalmente é que faz sua união. Essa presença do Cristo na vida do casal é fator básico, fundamental, indispensável para que se atinja a perfeição de sua vida conjugal. Graças à presença do Cristo na vida do casal, toda a vida conjugal é transformada. O Sacramento do Matrimônio não é algo que aconteceu no passado, é uma realidade presente. Naquela cerimônia, anos atrás, houve apenas o começo de uma vida, de um sacramento. Houve o começo de uma presença especial do Cristo na vida de duas pessoas que estavam assumindo comunhão total de toda vida por toda a vida. Toda a vida conjugal, pela presença do Cristo, passa a ser fator de felicidade para o casal. É através da vida conjugal que o Cristo atinge o casal e o leva para frente. O casal santifica-se, chega à perfeição cristã pura e simplesmente vivendo até as últimas consequências o Sacramento do Matrimônio. Sacramento do Matrimônio que também qualifica o casal para uma ação específica na Igreja e na sociedade. Sem falar no Sacramento do Matrimônio, é impossível apresentar uma espiritualidade conjugal.

Agora, porém, não vamos demorar-nos na consideração do Sacramento do Matrimônio. Vamos supor tudo que já ouviram falar sobre esse sacramento. Vamos concentrar-nos em alguns aspectos da espiritualidade conjugal, sem esquecer que, repito, a vivência do Sacramento do Matrimônio é o trilho pelo qual se desenvolve o casal. É sempre um ponto de referência para tudo quanto se disser.

O casal é chamado à santidade

Colocado isso, vamos olhar um pouco para o chamado dos casais à santidade. O Concílio Vaticano II, no capítulo V do documento sobre a Igreja – *Lumen Gentium* – diz claramente que todos são chamados à santidade. Também os casais são chamados à santidade. O Concílio diz isso muito rapidamente. De qualquer maneira foi um grande avanço na história da Igreja, porque durante muito tempo a vocação ao matrimônio foi considerada uma vocação de segunda classe.

Lá pelo século V, temos, por exemplo, São João Crisóstomo († 407), que diz que o casamento é campo de virtudes, plantação onde se cultivam as virtudes. E diz também que o lar tem de ser uma Igreja. Mais tarde, mil e duzentos anos depois, temos São Francisco de Sales (1567-1622), que escreveu um livro muito interessante: *Filoteia* (1609), ("Filoteia" quer dizer "amiga de Deus"), desenvolvendo uma ideia que estava bastante esquecida: "Todos são chamados ao crescimento na perfeição cristã, também os casados". No capítulo terceiro da primeira parte, diz que também os casados são chamados à procura da perfeição (à devoção, como dizia). Assim "o cuidado da família torna-se tranquilo; o amor do marido e da mulher, mais sincero..." Na terceira parte, capítulo doze, mesmo fazendo as reservas comuns no tempo, escreve: "O prazer vindo do matrimônio é um presente do céu". Finalmente, no capítulo trinta e oito, tem seis páginas de conselhos aos casados que querem a santidade e louva os que celebram o aniversário do casamento... Santo Afonso de Ligório (1696-1787), fundador da minha congregação redentorista, ele também, principalmente em um livro chamado *Prática do Amor a Jesus Cristo*, diz que também os casados devem chegar à perfeição: "Erram os que dizem que Deus não quer que todos sejam santos. Não, a vontade de Deus é a nossa santificação (1Ts 4,3). Deus quer que todos sejam santos, e cada um em sua situação: o religioso como religioso, o secular como secular, o sacerdote como sacerdote, o casado como casado, o comerciante como comerciante, o soldado como soldado, e assim por diante, em qualquer estado de vida."

Mas, de maneira geral, não se falava muito sobre a vocação dos casais para a santidade. Em parte, talvez, por uma má interpretação de São Paulo (1Cor 7,32), naquela passagem que vocês conhecem: "Quem não é casado pensa nas coisas de Deus, quem é casado pensa nas preocupações da mulher e do marido". Na perspectiva em que colocava a questão, Paulo tinha toda a razão. Mas erraram os que o interpretaram dizendo que o casamento, o amor conjugal, as preocupações familiares são empecilhos no caminho de Deus. E pior ainda os que pensaram que essa era uma vocação para quem ama a Deus com menos generosidade.

Mesmo Santo Afonso, que fala aos casados da possibilidade e da necessidade de chegar à santidade, mesmo ele fala de maneira muito pessimista do casamento. Talvez pela vida de casamento que viam em seu tempo, que coloca principalmente as mulheres em uma situação bem desfavorável do ponto de vista humano e cristão. É nesse contexto que Santo Afonso e outros escritores falavam do casamento como empecilho.

São Gregório Nisseno viveu de 335 a 394. Tinha muita experiência: foi casado, depois ele ficou viúvo, foi ser monge no deserto e finalmente foi nomeado bispo. Ele disse em uma de suas pregações, falando da mulher casada: "Um pedacinho de seu coração vai para cada filho que gerou, se tem muitos filhos, sua alma divide-se em tantas partes quanto são os filhos, de modo que sente, em suas próprias entranhas, o que acontece a cada um deles". A conclusão pode ser uma só: por isso a mulher casada não pode se dedicar à procura da santidade. Em uma outra vez disse, em tom oratório: "Por onde eu vou começar a pintar essa vida difícil com as cores mais cinzentas e mais adequadas? Todos os absurdos da vida têm sua origem no matrimônio"... Aquele mesmo São João Crisóstomo, do qual já falei, escreveu: "Dura e inevitável é a escravidão do matrimônio. Ainda que não trouxesse nenhuma dor, o matrimônio nada tem em si de grande; de que adiantará, na hora da morte, o mais perfeito dos matrimônios? De nada!"

Por isso é que foi de grande valia o Vaticano II dizer que "todos são chamados à santidade" e, de maneira especial, que "os casados são chamados à santidade": "É necessário que os cônjuges e os pais cristãos, seguindo seu próprio caminho, ajudem-se mutuamente a conservar a graça no decorrer de toda a sua vida, em uma grande fidelidade de amor, e que eduquem na doutrina cristã e nas virtudes evangélicas a prole que receberem amorosamente de Deus. Oferecem, assim, a todos o exemplo de um amor incansável e generoso, constroem a fraternidade da caridade e apresentam-se como testemunhas e cooperadores da fecundidade da Mãe Igreja, como símbolo e participação do amor com que Cristo amou sua esposa e por ela se entregou. (...) Por conseguinte, todos os fiéis santificar-se-ão dia a dia, sempre mais, nas diversas condições de sua vida, em suas ocupações e circunstâncias, e precisamente através de todas estas coisas, desde que as recebam com fé, das mãos do Pai celeste, e cooperem com a vontade divina, manifestando a todos, no próprio serviço temporal, a caridade com que Deus amou o mundo" (LG 41).

O Concílio não explica em pormenores, nem o poderia fazer, qual é esse caminho próprio para o casal. Mas fica bastante claro pelo texto que esse é um caminho próprio, diferente do caminho seguido pelos celibatários. Caminho marcado pela mútua ajuda em todos os sentidos, pela fidelidade ao amor conjugal, pela fecundidade em seu sentido amplo e pleno. Pode assim o casal chegar à perfeição, não apesar, mas por meio das circunstâncias de sua vida matrimonial. Como para todos, também para o casal a procura da santidade passa pela vida do dia a dia. A vida naquelas circunstâncias em que Deus nos colocou. Não adianta o casal querer procurar a santidade por caminhos diferentes desses que são indicados pela própria vida matrimonial.

É claro que o Vaticano II, ao apresentar essa doutrina, colhe os frutos da reflexão teológica de muitos autores. Podemos lembrar: M. J. Scheeben (1835-88) (*Os Mistérios do Cristianismo*); D. von Hildebrand (1889-1977) (*O Matrimônio*) mais Pe. Carré, A. Christian, Pe. Doncoeur, Pe. Viollet, com seus livros e movimentos. Entre esses movimentos, não há dúvida que podemos colocar as Equipes de Nossa Senhora, sob a inspiração de H. Caffarel (1903-1996).

O cerne da espiritualidade conjugal

Podemos agora dar um passo e tentar aprofundar um pouco a reflexão, procurando ver qual é o cerne, a linha-mestra da espiritualidade conjugal. Já vimos antes que a espiritualidade cristã se fundamenta no crescimento na caridade, união com Deus, e na caridade, união com os outros, na caridade fraterna, que faz de todos nós irmãos e irmãs. A partir dessa ideia, podemos afirmar, parece-me, que a espiritualidade conjugal consiste, está na vivência da caridade conjugal, da caridade entre marido e mulher. Chegar à perfeição da caridade é chegar à perfeição esperada por Deus, dos casais.

A expressão *caridade conjugal* pode causar certa surpresa. Mas é adequada, pois acrescenta algo muito importante à simples ideia do amor conjugal, deixando claro que o amor conjugal é dom de Deus, derramado por ele no coração de um homem e de uma mulher. Por sua própria natureza, homem e mulher podem sentir-se atraídos, podem até estabelecer entre si laços de amizade. Mas a oferta de Deus vai além: a todos os homens e mulheres oferece a possibilidade de um novo amor conjugal, transfigurado pela participação de ambos na vida da Trindade. É amor que existe a partir de uma ação divina, que transforma as pessoas e dá-lhes possibilidade de amar de uma maneira nova. Em qualquer tempo e em qualquer cultura, sempre que um homem e uma mulher, mesmo que não sejam cristãos, de fato se amam com amor verdadeiro, procurando doação e aliança de vida, amam-se porque foram transformados e atingidos pelo poder de Deus. A caridade conjugal engloba, abraça, inclui toda a realidade do amor entre um homem e uma mulher. Não é apenas um amor espiritual: é amor do espírito e da alma, sim, mas é também amor do coração e da carne, amor de desejo e de atração.

O caminho da perfeição para o casal é o desenvolvimento da caridade conjugal. Essa é a linha-mestra, ao redor da qual deve organizar-se todo o esforço para levar a vida conjugal à sua plenitude.

As características da caridade conjugal

Em primeiro lugar, a caridade conjugal é amor que vem de Deus. Não nasce apenas do coração do homem e da mulher. Torna-lhes possível amar-se muito mais intensamente do que poderiam fazer apenas com suas potencialidades e atrações. É uma consagração, é uma elevação, se quiserem, é uma transformação, uma transubstanciação do simples amor conjugal.

Essa caridade conjugal vem de Deus e leva esse homem e essa mulher a quererem estabelecer entre si uma aliança, uma partilha de toda a sua vida, por toda a vida. Aliança que é colocar o outro em primeiro, aceitar o outro como a pessoa mais importante em sua vida. É aceitar organizar toda a sua vida em função dessa pessoa. É a isso que o casal é levado, quando é levado pelo amor, pela caridade que vem de Deus. É aliança de vida, de toda a vida, por toda a vida. É isso que está simbolicamente indicado naquela passagem do Livro do Gênesis, quando Deus apresenta Eva, recém-criada, para Adão, e ele diz: "Agora sim, aí está quem é carne de minha carne, ossos de meus ossos". Ou, em linguagem de hoje, aí está alguém que é meu outro eu, alguém que eu assumi como reflexo meu, para eu ser reflexo dele.

Essa caridade conjugal, repito, não é uma caridade meramente espiritual. É amor que vem de Deus, mas é amor que engloba, assume toda a realidade do amor conjugal vivido em plenitude e nele se encarna. É, em primeiro lugar, caridade que atinge a vontade. Iluminado por Deus, esse homem e essa mulher têm coragem de dizer "quero viver com você para sempre, comprometendo-me com você em tudo, colocando você em primeiro lugar em minha vida, antes de pai, mãe, profissão, amigos, tudo. Você é a primeira pessoa, logo abaixo de Deus para mim". A caridade conjugal leva a uma escolha, a uma opção. Entre milhares de outras pessoas, essa é a escolhida. É a caridade-afeto, que não é apenas amor espiritual, é amor-necessidade de alguém. É pulsação mais rápida do coração, arrepio no corpo, preocupação constante com o outro, um pensar continuamente no outro.

A caridade conjugal é uma caridade sexuada e sexual. É caridade de homem, é caridade de mulher, diferentes exatamente por serem homem e mulher e não apenas por terem órgãos sexuais diferentes. As duas realidades, a sobrenatural e a natural, imbricam-se de tal maneira que se torna difícil a distinção ou separação. É caridade não apenas sexuada, mas também sexual: irá manifestar-se na linguagem do sexo, do relacionamento sexual. Essa é a caridade que é o caminho de salvação e de perfeição para o casal. Seu objetivo é fazer a felicidade dele e dela, felicidade perfeita, nesta e na vida que dura para sempre. Felicidade, que é o grande objetivo de quem se casa, ser feliz fazendo a felicidade do outro.

O casal vive, pois, uma forma especial de caridade. O caminho da santidade cristã é o caminho da caridade. O caminho de santidade do casal é a caridade conjugal. E podemos até dizer que a caridade conjugal é muito mais exigente do que a simples caridade fraterna. A caridade fraterna exige que se tenha união com todos, mas não exige que se tenha *plena* e *total* comunhão de vida com todos. A caridade conjugal exige que se coloque o cônjuge em primeiro lugar, antes de qualquer outra pessoa, antes de pai, mãe, filho, neto, dos amigos, da profissão, antes de tudo. Pelo cônjuge se deve fazer o que não se tem obrigação de fazer por ninguém mais no mundo. Não é sem motivo que muitos dizem ser a regra do amor conjugal mais estrita do que a de qualquer ordem religiosa.

Essa visão é determinante para sua caminhada até a perfeição cristã. Você não pode olhar para seu relacionamento conjugal apenas a partir dos pontos de vistas humanos, da psicologia de conselheiros sentimentais. Como diz Jesus, "nem todos são capazes de aceitar essa doutrina, mas só aqueles que possuem o dom" (Mt 19,11). Se você quer fazer de seu casamento caminho de salvação, terá de olhar para o amor conjugal com os olhos da fé.

Marido e mulher chegam à perfeição cristã ajudados pelo amor mútuo. Chegam à perfeição através da convivência carinhosa, do apoio contínuo. Chegam à santidade através da alegria, alegria que não exclui dor, sofrimento, preocupação. Através da alegria, que é a satisfação íntima de quem se sabe amado e amante, de quem se sabe na amizade com Deus (*Lumen Gentium* 41).

A caridade conjugal, a caridade que é caminho de salvação para o casal, não é uma camada colocada em cima da realidade humana. É algo que vem de Deus e atravessa toda a realidade humana, dá sentido, valor, consistência, grandeza, beleza a toda essa realidade festiva, espiritual e, ao mesmo tempo, carnal, vivida pelo casal. Transfigura-a e transubstancia. A caridade conjugal, esse amor sobrenatural, é como que a alma de toda a realidade conjugal, penetra tudo, cada momento, cada expressão, cada palavra, cada gesto. Nas horas passadas ao lado da cama de um filho doente, nas horas de angústias, tentando acertar o orçamento, nos momentos de gozo e de alegria tranquila, de uma noite de amor, em tudo estará presente essa caridade que vem de Deus. Assim marido e mulher estarão vivendo o que ensina Pedro, em sua carta (1Pd 2,5), transformando toda a sua vida em hóstia de louvor oferecida a Deus. Os cônjuges chegam à perfeição cristã, ajudados pelo amor mútuo, pela convivência carinhosa, pelo apoio, pela alegria e por tudo quanto nasce do amor entre eles. Também pelo prazer mútuo e pela felicidade de se conhecerem.

Exigências da caridade conjugal

A vivência dessa caridade conjugal passa necessariamente por algumas portas estreitas. Passa em primeiro lugar pela renúncia. Ou você coloca seu casamento em primeiro lugar em sua vida, ou não paga a pena casar-se. Ou você o coloca antes de tudo, ou está prestes a ser infeliz e a fazer a desgraça de outra pessoa. Lá no Gênesis está a sabedoria dos antigos nas palavras postas na boca do Adão: "por isso o homem deixará pai e mãe e se unirá a sua mulher". Por isso deixará e unir-se-á. Deixará muitas coisas: renuncia ao egoísmo, à comodidade, ao sossego, renuncia, renuncia... Ou você passa por essa porta, ou não encontrará o caminho da felicidade no casamento.

Passa a caridade conjugal pela porta estreita e exigente da união. Em sua despedida, no Evangelho de João, Jesus pede ao Pai que seus discípulos sejam um, como ele é um. Pois bem, por mais estreita que seja a união entre os discípulos de Cristo, mais estreita tem de ser a união entre marido e mulher. É preciso que continuamente procurem essa união, essa união querida por Cristo, essa união que é para vocês salvação e felicidade. Ou vocês colocam essa visão de amor como linha central de sua vida ou vão perder-se em uma infinidade de batalhas sem sentido e sem vitória possível.

A vivência da caridade conjugal passa necessariamente por muitas portas estreitas: é preciso que vocês passem continuamente pela vivência da fidelidade, pela vivência da sexualidade, pela vivência da paternidade e da maternidade, pela vivência da abnegação.

Vocês têm de viver a fidelidade. A fidelidade mais completa, mais total, mais absoluta. Fidelidade de coração, fidelidade de afeto. Não basta a fidelidade de cama. E se vocês querem manter fidelidade, cuidado com seus olhares, cuidados com seus afetos. Para que haja fidelidade do coração é preciso que seu coração seja um coração ocupado de fato por um amor. Coração vagabundo e vazio é coração sem dono, que será tomado de assalto pela primeira sedução que passar. Essa é a realidade. Não existe santidade, não existe sacramento, não existe idade que nos mude. Somos facilmente atraídos. Não apenas a mulher é volúvel, "mobile", como na ária de Verdi; também o homem. Quantos casais, que poderiam ser apresentados como modelos, desmoronaram de uma hora para a outra, inexplicavelmente. Ou melhor: muito explicavelmente.

A caridade conjugal, que leva à santidade, passa pela porta da reconciliação e do perdão sem limites. Ser amado é poder contar sempre com o perdão de alguém. Amar sempre é perdoar sempre. Quem não precisa de perdão? Mas perdão não é tolerância medrosa ou cúmplice. Perdoar exige a firmeza necessária para levar de volta ao bom caminho. Perdoar é levar para Deus, não afagar o pecado. E é certo: seu perdão será sacramento do perdão de Deus.

A vivência da caridade conjugal, como caminho de salvação, passa pela vivência adequada da sexualidade conjugal, como veremos mais longamente adiante. A caridade conjugal passa pela vivência da paternidade e da maternidade, para que o casal não se feche sobre si mesmo, mas se abra para os filhos, para a família mais ampla, para a Sociedade e para a Igreja. Passa pela paternidade e pela maternidade, da carne e do sangue, ou, se for o caso, do coração. Mas sempre estará destinado ao fracasso o casal que não se abrir para ser fonte de vida. Paternidade e maternidade do coração será no mínimo assumir responsabilidade por todos os que estão ao redor. O casal cristão não pode ser casalzinho fechado em si mesmo, narcisista a dois, um olhando para o outro, embevecidos, esquecidos de tudo e de todos.

A vivência da caridade passa pela abnegação, inseparável do amor. Também a vivência da caridade conjugal enquanto caridade vivida na sexualidade. Abnegação, como diz Caffarel, é o casal e cada um dos cônjuges não se fecharem em si mesmo, mas abrirem-se sempre para o outro. Em primeiro lugar para Deus, colocado sempre em primeiro lugar. Abnegar-se é respeitar sempre uma justa escala de valores, sem procurar sempre o mais fácil, é dominar-se dominando instintos e impulsos.

Conclusão

Esse é o caminho da espiritualidade conjugal, o caminho para a perfeição, a ser trilhado pelo casal. Caminho próprio e característico. Não será preciso dizer que esse caminho da caridade conjugal poderá, sem perda de suas características, receber tonalidades provindas das diversas correntes ou escolas da rica tradição cristã.

3

A ESPIRITUALIDADE CONJUGAL, CAMINHO GRADUAL, DIFERENCIADO

Caminho gradual

Uma das grandes lições da espiritualidade cristã é o respeito à gradualidade. Por isso vamos salientar logo que a espiritualidade conjugal é uma caminhada gradual, ou seja, de acordo com a fase atual da vida do casal. Não podemos esperar de um casal, que está apenas começando, toda a maturidade no amor que se espera de outro que já viveu trinta ou quarenta anos de aliança. Mas é importante que já os primeiros passos no amor, no tempo do namoro, sejam passos orientados pela busca da perfeição cristã. Ou será pedir demais que namorados e noivos sejam colocados desde o início diante dessa proposta de busca da santidade?

Caminho diferenciado

Como caminho para a santidade, cada etapa na vida do casal traz oportunidades, facilidades ou empecilhos. Em cada uma dessas circunstâncias, é preciso descobrir os sinais do projeto de Deus, tirar proveito das facilidades e até mesmo dos entraves. Cada uma dessas etapas será marcada pelo amor, que se vai tornando cada vez mais exigente e também mais gratificante.

No casamento, a procura da santidade será muito marcada pelos primeiros anos, antes da chegada dos filhos. É quando se dá a adaptação de um ao outro, quando se assume uma distância maior com relação aos pais e ao resto da família, para de fato constituir um novo núcleo conjugal. Essa etapa tem de ser vivida como processo de crescimento e de aprofundamento do amor.

Quando chegam os filhos, haverá boa oportunidade para o aprofundamento da generosidade, para o enfrentamento de novas dificuldades, novos sacrifícios e novas renúncias. Durante alguns anos, os filhos ocuparão um espaço muito importante na vida do casal. Tanto que, se não houver cuidado, a presença dos filhos pode prejudicar o crescimento e a caminhada do casal, se passarem a ocupar o primeiro lugar. Para ser bom pai e boa mãe, em primeiro lugar, é preciso ser esposo e esposa. Isso exige planejamento, opção, de vez em quando exige até coragem para tomar atitudes que nem todos vão compreender.

Mas os filhos crescem rapidamente e de repente deixam a casa, e se vão para longe. E começa a ficar tão grande aquela casa, que foi preciso ampliar mais de uma vez. Um olha para o outro e diz: "E agora? Que é que vamos fazer da vida?" Não lhes posso dar uma receita; apenas chamo sua atenção para a necessidade de se prepararem, para que nessa altura ainda encontrem um sentido pleno para sua vida matrimonial, e ela continue sendo caminho de aperfeiçoamento para vocês. Afinal vocês não se casaram em primeiro lugar para pôr essas criaturas no mundo e cuidar delas, até que pudessem caminhar sozinhas. Vocês se casaram, em primeiro lugar, um por causa do outro, para juntos e na mútua ajuda procurar sua realização conforme o projeto de Deus. E esse motivo precisa ser suficientemente assimilado para que continuem sendo casal, para que um continue sendo a pessoa mais importante para o outro mesmo quando os filhos se tiverem ido. Assim não irão deixar tão pouco que os netos ocupem o primeiro lugar.

É bom ser realista. A vida não dura para sempre, nem a vida de casal. A viuvez não pode ser esquecida quando se fala da caminhada matrimonial em busca da perfeição. Quem ficar, precisará continuar, sem olhar para a viuvez como se fosse uma tragédia que tira todo o sentido da vida. Se o casal viveu a espiritualidade conjugal, se de fato amadureceu, vivendo intensamente seu amor, quem ficar saberá continuar na busca do que foi o objetivo de sua vida. Saberá aproveitar essa última etapa como preparação para o encontro final no amor definitivo, para a plena realização do amor com que sempre sonharam. Saberá viver a viuvez como experiência enriquecedora da limitação de todos os projetos humanos, de modo que se possa atirar confiante nos braços do Senhor, o único em quem poderá encontrar afinal plena e definitiva felicidade.

Ao passar por essas diversas etapas da vida matrimonial, você poderá aprender que não pode pôr sua felicidade em nada. Ou melhor, em nada fora de Deus e logo depois em seu casamento. Em cada uma dessas etapas da vida, há um jeito de amar, há um jeito de orar, há um jeito de lutar, de viver, de chorar e de cantar. Viva intensamente essas etapas e haverá de descobrir que o verdadeiro amor não diminui, mas não é sempre o mesmo, vai se transformando continuamente. Se conseguirem viver esse amor, irão experimentar que na maturidade, na idade avançada, ele se torna cada vez melhor, talvez porque já se esteja aproximando um pouco da perfeita realização do amor, que irá acontecer só lá, no depois definitivo. Por meio de todas essas etapas é que se forja o homem e a mulher conforme o projeto divino.

Caminho ascético

O caminho da espiritualidade conjugal, do amor conjugal até a santidade só é possível se nessa vida conjugal existir a ascese. Essa palavra, tradicional na espiritualidade cristã, vem de uma palavra grega "*askésis*", que significa exercício, esforço, ginástica. A espiritualidade conjugal exige um esforço continuado, metódico. Um esforço perseverante da pessoa e do casal, de tal maneira que, ajudados pela graça de Deus, ele e ela vão aperfeiçoando suas qualidades e corrigindo suas falhas. É exatamente aí que se encaixará a *Regra de Vida* proposta pelas Equipes de Nossa Senhora.

A ascese parte, em primeiro lugar, do reconhecimento da própria limitação e dos próprios defeitos. Exige-se um exercício de sinceridade e o conhecimento de si mesmo. Saiba exatamente quais são suas qualidades e quais são seus defeitos. Nem será preciso dizer que, nesse exercício de autoconhecimento, será de grande ajuda o parceiro de vida. A partir desse conhecimento será possível traçar um plano. Veja o que é mais urgente corrigir, quais são os meios que deve empregar, que providências deve tomar para não se esquecer do que foi decidido. Estabeleça depois um sistema de controle, de tal maneira que, de tempo em tempo, você possa dizer se melhorou ou se piorou. É claro que a reunião de Equipe vai oferecer uma boa oportunidade, desde que a o momento da *partilha* seja bem aproveitado.

Continue assim, examinando as diversas qualidades ou defeitos que devem ser trabalhados, e você estará fazendo um exercício, uma ascese, de continuado crescimento espiritual. É bom lembrar que a própria vida matrimonial já traz consigo ótimas oportunidades, que vão obrigar a pessoa a se transformar, pois a vida em comum faz que sobressaiam defeitos e qualidades. A vida em comum exige esforço, renúncia, domínio, compreensão.

A ascese conjugal exige, por exemplo, que o casal aprofunde, em sua vida, a pobreza evangélica, que não é apenas um conselho, mas uma exigência. A pobreza evangélica é para todo cristão. Entre outras coisas, pobreza evangélica é não deixar que as coisas e sua posse sejam o mais importante em sua vida. É não se deixar levar pela vontade de acumular sem limites; é economia, previdência, dedicação ao trabalho. Pobreza evangélica é não se preocupar demais com a aparência, não ter gastos demasiados com roupas, com cuidados de beleza. Pobreza evangélica é saber partilhar. Há tantas e tantas oportunidades para isso. Pobreza evangélica é aceitar que não somos donos, mas apenas administradores dos bens de Deus.

É preciso que o casal desenvolva a virtude da temperança, o saber "temperar" as coisas da vida. Trabalhar, nem de menos, nem de mais; distrair-se, nem de menos, nem de mais; dormir, nem de menos, nem de mais; comer, nem de menos, nem de mais; beber, nem de menos, nem de mais; procurar a satisfações, nem de menos, nem de mais. Aliás, os antigos chamavam isso de sabedoria, o saber viver, o saber encontrar o verdadeiro sabor da vida.

Sirvam apenas essas duas como exemplos das virtudes morais que o casal deve procurar por meio de uma ascese contínua e fiel: justiça, respeito, fortaleza, coragem, mansidão e tantas outras. Não adianta procurar a santidade em abstrato, lutando com moinhos de vento. É preciso procurar a santidade concreta, que acontece nas pequenas coisas da vida. E não adianta correr ao mesmo tempo atrás de todas as virtudes. Faça um trabalho metódico.

Caminho escatológico

O caminho do amor conjugal para a santidade tem de ser escatológico. Escatologia é aquela parte da teologia que trata das últimas coisas, da morte, do julgamento, do céu, do inferno. Das últimas coisas, dos objetivos da vida. Uma espiritualidade escatológica é uma maneira de viver o presente tendo em vista o futuro, o final.

São Filipe Néri (1515-1595), não sei se já ouviram falar dele, foi um dia procurado por um rapaz. – Padre Filipe, estou muito feliz. Estou terminando o curso de direito. Estou quase me formando. – Que bom, formidável. Você se formará advogado. E depois? – Bem, depois vou estabelecer um escritório, vou me tornar famoso, vou ter dinheiro. – E depois? – Bom, depois vou casar-me. – E depois? – Depois vou ter filhos... – E depois? – Depois?

... Vocês já se fizeram essa pergunta? Você está correndo atrás do carro de seus sonhos, ou daquele apartamento especial. E depois? Você está querendo aquela casa, ou aquele jogo de sala. Ótimo. E depois? E depois? Viver uma espiritualidade escatológica, em primeiro lugar, é isso. Perguntar-se sobre o valor das coisas, dos esforços, dessas realidades que vamos vivendo.

Mas significa também que o casal tem de dar valor a todas as coisas da vida presente. A todas as coisas que de fato têm valor, porque são para nós dom de Deus. Não é porque existe lá no fim o céu que essas realidades vão perder seu valor. Os bens culturais, os bens econômicos, artísticos, o prazer, a alegria, a competência profissional, tudo isso tem valor. São bens que, ajudando no nosso crescimento, terão de certa forma perenidade; são caminho de felicidade que Deus nos deu. Nada disso pode ser renegado. São Paulo (1Cor 10,31) ensina: "Quer vocês comam, quer bebam, quer façam qualquer outra coisa, façam tudo para a glória de Deus". Usem todos os bens com a moderação, com a temperança, dando o devido valor a essas coisas. Valor verdadeiro, mas, valor relativo. "Uma coisa eu digo a vocês, irmãos: o tempo se tornou breve. De agora em diante, aqueles que têm esposa, comportem-se como se não a tivessem; aqueles que choram, como se não chorassem; aqueles que se alegram, como se não se alegrassem; aqueles que compram, como se não possuíssem; os que tiram partido deste mundo, como se não desfrutassem. Porque a aparência deste mundo é passageira" (1Cor 7,29-31).

A espiritualidade conjugal escatológica exige que se estabeleça uma correta ordem de valores entre os bens que se procuram, de maneira que os menos importantes sejam sacrificados, em vista dos mais importantes. Antes da faculdade para o filho, vem a estabilidade de seu casamento, a harmonia dentro de casa, a prudência, aquela sabedoria, que faz dar os passos, gradualmente, sem saltos.

O casal tem de viver escatologicamente seu amor conjugal. Não se amem apenas até a morte. É muito pouco. Vocês têm de se amar para a eternidade, para sempre. Já pensaram como isso pode ser entusiasmante? Você eternamente fazer parte da felicidade desse homem, dessa mulher? Não se espante se, de vez em quando, o amor que você vive lhe parece insuficiente. Se você ama bastante, nunca estará satisfeito, mas sabe que na eternidade encontrará a plena realização do amor com que sonhou. E jamais conseguirá imaginar o que espera você. Diante disso, muitas coisinhas, muitas pequenas misérias perdem o sentido. Já não têm importância nenhuma. Se quiser avaliar os prós e os contras da vida que está vivendo agora em seu matrimônio, olhe para esse futuro, e irá perceber que tem sentido todo o esforço para chegar à plena realização do amor.

Conclusão

Buscar a santidade no casamento é muito simples. Como diz Pe. Caffarel: "Essa arte, essa sabedoria consiste em aproveitar as realidades da vida, na medida em que elas vão aparecendo, vendo em cada situação, em cada circunstância, uma mensagem de Deus".

A "escuta da Palavra", enquanto Ponto Concreto de Esforço, consiste na leitura diária de um trecho da Escritura e na aplicação disso na vida. Mas esse tipo de "escuta da Palavra" é apenas o começo. A perfeita "escuta da Palavra" consiste em procurar discernir, em todas as circunstâncias, as indicações que Deus nos dá de sua vontade. Na própria vida de casal é que está o caminho para a santidade e também a regra para chegar a essa santidade.

4

A ESPIRITUALIDADE CONJUGAL É METÓDICA

O método é necessário na vida espiritual

A caminhada em busca da perfeição cristã precisa ser sistemática. Para isso deve ter, em primeiro lugar, um objetivo bem claro e definido. Não basta um vago propósito. Somente a partir de um objetivo claro será possível traçar caminhos e etapas a serem percorridos. Uma caminhada metódica haverá de respeitar, de maneira realística, um ritmo adequado, sem propostas inexequíveis, mas também sem tolerância comodista. Essa caminhada metódica deverá sempre ser programada levando em conta as leis da vida espiritual, ou melhor, os dados da realidade, da teologia e também da psicologia. O método na caminhada espiritual é necessário para se vencer a rotina e a nossa inata volubilidade. Jamais iremos crescer, se vivemos ao sabor do capricho do momento. Precisamos de um programa de vida, para a manhã, a tarde, a noite, para a semana e o mês. Comprometa-se com alguns pontos, dos quais não abra mão. Comprometa-se com certos momentos de oração que você vai viver, esteja alegre ou triste, seja qual for a situação do dia. De uma caminhada metódica faz ainda parte um sistema de controle periódico.

Finalmente, se quiser estabelecer para si uma caminhada metódica, em busca da perfeição, não deixe de procurar um tratado sistemático sobre a espiritualidade, se possível sobre a espiritualidade conjugal.

A proposta das ENS

Os casais equipistas contam uma proposta sistemática para a procura da perfeição cristã como casados, como casais, por meio da vida matrimonial. É caminho já comprovado por mais de sessenta anos de caminhada. Essa proposta é, ao mesmo tempo, bem definida, mas aberta, sem se fechar em um sistema rígido. Permite o aproveitamento da riqueza de outras propostas (e até de outros movimentos) e está aberta ao futuro, é uma espiritualidade que continua evoluindo. Ajudou casais de 1940, época bem característica do Mundo e da Igreja, caminhou com os casais da época do Concílio Vaticano II e está ao lado dos casais que enfrentam os tempos atuais, com suas riquezas e seus desafios. Manteve fidelidade ao núcleo do carisma inicial e continua atenta aos sinais dos tempos. É característica e precisa, mas deixa espaço suficiente para o casal e os indivíduos encontrarem seus próprios caminhos de resposta ao chamado do Senhor.

Vida em uma comunidade de casais

A proposta mais importante das Equipes de Nossa Senhora para os casais é que procurem a perfeição participando de uma comunidade de casais. Essa a grande força das Equipes, que desde o começo quiseram formar verdadeiras comunidades eclesiais

A equipe não é um grupo formado por pessoas que se juntam ao acaso. A equipe é uma comunidade formada por casais que têm um só coração, um só pensamento, uma só fé, uma só proposta de vida. É uma pequena comunidade, que possibilita entre as pessoas e entre os casais confiança mútua, entrega mútua, ajuda mútua, partilha de vida.

A comunidade eclesial não existe apenas ou principalmente quando está reunida. A comunidade caracteriza-se, em primeiro lugar, pela unidade de intenção e de pensamento, por um projeto de vida, pela partilha de vida. Os encontros, os ritos, as cerimônias da comunidade são meios para que possa crescer essa unidade íntima da comunidade.

A equipe é uma comunidade eclesial que nasce não por iniciativa dos casais. Toda e qualquer comunidade cristã nasce por iniciativa de Deus, que ama, escolhe, chama as pessoas e os casais. A equipe que é verdadeira comunidade não se forma a partir de simpatias, afinidades ou escolhas. Por isso é de se temer pela legitimidade cristã de uma equipe que, antes de acolher um novo casal, faz mil exigências, e não tem coragem de dizer pura e simplesmente: "Senhor, vós nos chamastes, gratuitamente, sem olhar para nossos méritos, nossas qualidades ou nossos atrativos. Por isso, estamos prontos, Senhor, a acolher quem vier".

A Equipe de Nossa Senhora tem, pois, como característica principal ser uma comunidade formada a partir do chamado e do poder de

Deus. É uma comunidade eclesial, quer dizer, é uma comunidade que é Igreja. Que é Igreja em sua forma celular. É uma Igreja vivida em sua expressão mais simples. Por isso mesmo é que nas equipes de casais existe a presença do Sacerdote Conselheiro Espiritual. Não em primeiro lugar como conselheiro ou perito em espiritualidade, mas como sacerdote. Ele, por sua presença sacramental, enquanto presbítero, é presença do Cristo nessa pequena Igreja. Não é escolhido, em primeiro lugar, por sua sabedoria, por seu jeito, por sua piedade, por sua capacidade de dar bons conselhos, mas para ser na comunidade representante do Cristo, sacerdote e salvador.

A equipe comunidade-Igreja, onde a ligação entre os membros nasce da mesma fé, da mesma esperança, da mesma caridade e da partilha fraterna de bens. Uma partilha que vai além do que é exigido ou proposto pela Igreja enquanto grande comunidade paroquial, diocesana ou universal. A Igreja, a diocese, a paróquia são comunidades, sim, mas são comunidades grandes demais. Não permitem que as pessoas possam conhecer-se, viver em plena fraternidade, na confiança mútua completa. A Equipe de Nossa Senhora é uma comunidade-Igreja de seis a sete casais, que se conhecem profundamente, que desenvolveram confiança mútua e, por isso mesmo, podem ser de fato e em tudo irmãos e irmãs.

Essa comunidade-equipe é para os casais caminho e primeiro meio para chegar à santidade, porque é uma comunidade onde se vive a partilha e a entreajuda. A partilha das descobertas, das esperanças, dos medos, das dificuldades. Partilha da amizade, do esforço, do trabalho, das afinidades e das qualidades de cada um. Entreajuda nas coisas espirituais, nas coisas familiares e também nas coisas materiais. Essa comunidade-equipe ajuda os casais enquanto é comunidade que vive a fraternidade proposta por Cristo, no cotidiano da vida, de tal maneira que, a qualquer momento, o casal possa procurar sua equipe, na certeza de ser sempre bem acolhido e ajudado. A equipe, enquanto célula-Igreja, é instrumento e sacramento de Cristo: podemos dizer que sua ação é sacramental porque participa da ação, da eficácia sacramental da grande Igreja.

É preciso insistir: a comunidade-equipe-Igreja vive sua comunhão na vida do dia a dia. Quem se lembra da equipe somente quando convocada a reunião mensal não está vivendo em uma comunidade. Os casais da equipe devem fazer parte da vida uns dos outros, de suas preocupações, continuamente presentes na lembrança uns dos outros. A reunião mensal é o momento forte, um meio para reativar, reanimar, reforçar essa comunhão de vida, que se estende pelo mês inteiro. Mas a reunião mensal da equipe não constitui a vida da equipe.

A prática dos Pontos Concretos de Esforço

Essa é a segunda característica da proposta das ENS para a santificação dos casais. Penso que não será preciso alongar-nos sobre o tema; vamos apenas lembrar alguns aspectos.

Em primeiro lugar, é bom lembrar que esses *Pontos Concretos de Esforço* não são invenção das Equipes. São meios, são propostas tradicionais da espiritualidade cristã. Na Regra de qualquer ordem religiosa, de uma maneira ou de outra, ali encontraremos esses pontos, menos naquilo que é característico da vida de casal.

Esses Pontos Concretos de Esforço são pontos *concretos*, determinados, claramente delimitados. São propostas precisas, e não permitem escapatórias nem esquecimentos. A meditação, a oração pessoal ou conjugal, a escuta da palavra, ou se fazem ou não se fazem. Se se fizer outra coisa, pode ser até algo de bom, mas não é exatamente a proposta apresentada pelas Equipes. Não é possível tergiversar. São balizas que marcam uma caminhada metódica e bem definida.

Mais. Os *Pontos Concretos de Esforço* estão ligados entre si, por uma lógica interna; não são pontos juntados aleatoriamente; um prende-se ao outro, um exige o outro.

Passando rapidamente por eles, temos em primeiro lugar a proposta da *Escuta da Palavra*. Por que é o primeiro? Exatamente porque é a partir da Palavra de Deus, da revelação, da manifestação divina que podemos conhecer o objetivo para o qual somos chamados.

A *Escuta da Palavra*, em sua concretização mínima, proposta pelo Guia das Equipes, consiste em uma leitura diária da Escritura, da Palavra de Deus, principalmente do Evangelho e sua aplicação à vida pessoal.

Nada impede que o casal faça a leitura em conjunto, mas é preciso que, além de uma aplicação para a vida do casal, haja uma aplicação à vida de cada pessoa. Muitas vezes essa Escuta da Palavra praticamente se identifica com a Meditação. Essa é uma possibilidade, e, em muitos casos, é a melhor maneira de fazer a Escuta.

Mas, a *Escuta da Palavra* tem de ter na vida do casal um sentido mais amplo. Escutar a Palavra de Deus significa procurar, em tudo e sempre, discernir, descobrir, conhecer qual a vontade e a proposta de Deus, em cada circunstância da vida. Chega, por exemplo, uma proposta profissional para ele ou para ela: ambos devem colocar-se diante de Deus, procurando discernir qual é sua divina vontade. O mesmo deve ser feito diante de qualquer problema, diante de qualquer nova oportunidade, em um momento de alegria ou de dificuldade. O casal deverá procurar a vontade de Deus, usando os métodos mais adequados para isso. Pode inclusive procurar uma resposta na Escritura, onde a possa encontrar, é claro, sem fazer disso consulta a um oráculo. Muitas vezes, porém, a resposta não deve ser procurada na Bíblia, mas em outros textos, até mesmo em um livro de autoajuda, em um livro de psicologia, ou até em um filme, em um programa de rádio ou de televisão. Outras vezes, o melhor será procurar o conselho de alguém, do cônjuge, de um irmão de equipe, de um médico, de um psicólogo, ou de um padre.

A *Escuta da Palavra* é fundamental porque, como diz Santo Afonso, a santidade consiste em viver a vontade de Deus. Muito simples, mas tremendamente difícil.

A Oração Pessoal é o segundo ponto proposto. Oração que é, em primeiro lugar, atitude nossa diante de Deus.

São Paulo ensina: "Orai sem cessar" (1Ts 5,17). Rezar sempre, estar sempre com o terço na mão, estar sempre rezando o Pai-nosso não é possível, mas é possível manter sempre a devida atitude diante de Deus, reconhecendo nossa dependência, em uma contínua atitude de adoração, colocando toda a nossa vida a seu serviço. Uma atitude assumida somente pode ser mudada por uma outra tomada de atitude. Enquanto não abandonarmos nossa atitude de oração, estaremos como que sendo levados por um *piloto automático*. Estabelecido nosso rumo em direção a Deus, estamos a caminhar nessa direção, ainda que estejamos a fazer outras coisas, que não nos permitem pensar continuamente em Deus.

Mas é preciso ter também momentos específicos de oração, em que nos afastamos de outras preocupações, para concentrar-nos na presença de Deus, olhar para nossa situação e nossas necessidades, para louvar e adorar o Senhor.

Essa oração pessoal exigida, ou melhor, proposta pelas equipes é uma oração exterior ou interior. A oração exterior pode ser um salmo, o terço, uma oração que sabemos de memória, uma oração improvisada. Já a oração interior é aquela em que não usamos palavras, nem proferidas exteriormente, nem imaginadas interiormente. Com essa oração simplesmente nos colocamos diante de Deus e nos dispomos a ouvir e aceitar o que ele tem a nos dizer.

A *Meditação* é uma variante da oração interior. Consiste em colocar-nos diante de uma verdade, de uma passagem da Santa Escritura, ou de um texto espiritual, lendo, ouvindo, ou simplesmente relembrando. O segundo passo consiste em refletir sobre isso, procurando ver como se aplica a nossa vida e tomando uma decisão prática a respeito. Finalmente, conversamos com Deus a respeito do que meditamos, adorando-o, louvando, pedindo sua ajuda, agradecendo. A meditação exige sempre algum método, deve ter começo, meio e fim. Será muito bom se tivermos um horário previsto para ela, se possível um local adequado, um texto que nos possa ajudar a evitar que fiquemos a remoer sempre as mesmas ideias.

A *Oração Conjugal* deve ser feita diariamente, se possível. *Oração conjugal* não é simplesmente uma oração qualquer feita pelo casal, por exemplo recitando o Rosário. Deve ser uma *oração do casal*, a partir da vida conjugal, de seus anseios e suas preocupações. O casal que realmente se ama, que partilha tudo, não irá encontrar dificuldade em partilhar também sua oração.

A *Oração Familiar* deverá ser praticada na medida do possível. E exige muito tato, principalmente quando os filhos chegam à adolescência. Não tentem impor a eles nenhuma forma de oração; tentem conquistá-los e despertar sua iniciativa e sua criatividade. Se não for possível uma oração familiar diária, quem sabe será melhor convidá-los para a oração em ocasiões mais marcantes da vida familiar.

A *Regra de Vida* é ponto muito característico da proposta das Equipes para a caminhada espiritual do casal. Em primeiro lugar, o casal e cada um dos cônjuges devem ter um adequado conhecimento de sua realidade. Devem examinar-se para conhecer suas qualidades e seus defeitos, suas fraquezas, os perigos que os cercam, os meios e as circunstâncias de que podem dispor na caminhada em busca da perfeição.

A partir desse conhecimento, poderão estabelecer e escalonar metas em seu esforço para corrigir falhas e crescer em boas qualidades. Para isso deverão fazer propostas realistas, precisas e concretas, possíveis e desafiadoras. Se for o caso, que se prevejam oportunidades e prazos, bem como um sistema de controle para se aferir o progresso ou o recuo. Os mestres espirituais sempre insistiram muito na necessidade de um *exame de consciência* periódico, se possível até diário. Não é preciso que o outro saiba qual a *regra de vida* que você se estabeleceu, se bem que isso às vezes possa ajudar.

O *Dever de Sentar-se* ou diálogo conjugal. Deve ser pelo menos mensal, com dia e hora previstos na agenda do casal, com tempo e local favoráveis. Seu tema central deve ser a *vida do casal*, sob todos os seus aspectos; outros assuntos sejam deixados para outra oportunidade. Que o diálogo seja feito sempre em um clima de oração, na presença de Cristo.

Algumas regras simples podem ajudar: jamais interrompa o que o outro está dizendo; não conteste imediatamente, não tente logo explicar-se; não julgue a intenção do outro; mais do que afirmar algo como fato, prefira falar de sua maneira de o ver; não cobre resposta ou decisão imediata: dê tempo para a reflexão e a assimilação; em vez de fazer exigências, fale do que gostaria que acontecesse; não exija do outro uma confissão de culpa: contente-se com sua mudança de comportamento.

Façam do dever de sentar-se um momento de revelação mútua: falem sobre si sobre seus sentimentos, medos, problemas, suas alegrias e esperanças. Não caiam na tentação de fugir para os comentários sobre outros assuntos e outras pessoas. Quem sabe, o casal bem que poderia manter um *diário de bordo*, em que fosse registrando sua caminhada, suas decisões, derrotas e vitórias. Isso ajudaria muito a manter um controle mais realista da vida conjugal.

Conclusão

Quanto ao retiro anual, não vou comentar. Mas será bom insistir que, para a caminhada metódica na procura da santidade do casal, é de suma importância a *partilha* na reunião de equipe. Partilha bem feita, que não seja simples prestação de contas, com monossilábicos sim ou não. Partilha que seja troca de experiências e de mútua ajuda na caminhada para a santidade conjugal. Por isso, é preciso que a partilha seja clara, sincera, sem rodeios, manifestando o que de fato experimentaram e viveram desde a reunião anterior. Não inventem, não deem desculpas. Falem de suas descobertas na oração, dos novos caminhos encontrados para estar em contato com Deus. O que fizeram para não se esquecer deste ou daquele ponto concreto de esforço. Peçam ajuda para alguma dificuldade encontrada. Procurem ajuda para descobrir o que Deus quer do casal no momento. Não fiquem indiferentes e em silêncio diante de angústias e de alegrias manifestadas pelos outros.

Tenham coragem de, na partilha, fazer e aceitar a correção fraterna. Digam honestamente o que pensam da maneira de alguém proceder. Não para acusar, mas para ajudar a mudar, para indicar alternativas e saídas. Diante de uma correção fraterna, não partam imediatamente para a negação ou a desculpa; deem-se o tempo necessário para analisar melhor o que disseram.

5

ESPIRITUALIDADE CONJUGAL E SEXUALIDADE CONJUGAL

> *"Sexo e amor não convivem ao mesmo tempo. A pessoa pode até precisar se sentir amada para se entregar à esculhambação do corpo que o sexo representa, mas isso não significa que eles coexistam."* Contardo Calligaris, psicólogo (Época, n. 318, 21/6/04).

Pe. Caffarel, falando em Chantilly, de um inquérito sobre a vida sexual dos casais equipistas, disse:

> *A primeira coisa que me impressionou fortemente foi o mutismo dos pais a tal respeito. Uma negligência de 95%. Vocês irão dizer-me: "Essas respostas são de 1969; não são de casais de 1987". Duvido, porém, que haja atualmente um progresso muito grande nesse domínio. Portanto, mutismo dos pais, o que quer dizer dificuldade da maior parte dos filhos, rapazes e moças, dificuldade de que eles não ousam falar, e consequentemente sentimento de culpa, muitas vezes, sentimento neurótico de culpa.*

> *Impressionam-me essas perturbações durante a infância, essas consciências perturbadas durante anos, o que quer dizer noivados mal vividos, porque os pais não dizem nada e os padres não dizem muito mais. Muitas vezes, um grande número de noivados são mal vividos, porque os noivos não sabem exatamente, como eles dizem, o que é permitido e o que é proibido. Começo do casamento, muitas vezes, catastrófico, a um ponto que eu nem imaginava, porque não se fala disso. A harmonia sexual raramente alcançada no começo. Muitas vezes, é preciso esperar dois ou três anos, por vezes dez, quinze anos e, em muitos casos, jamais realizada. E esse inquérito revelou-me até que ponto ela é de importância capital.*
>
> *Desse inquérito igualmente verifiquei que o sentido cristão da sexualidade é quase totalmente ignorado pelos casais das Equipes. Não chegam a 2% os que dão uma resposta verdadeiramente rica a estas perguntas: "Qual é o sentido cristão da sexualidade? Como viveis cristãmente vossa sexualidade?"*

Prega-se a moralidade no matrimônio, diz-se o que é permitido e o que é proibido, mas não se oferece ao cristão casado um único livro (não existe!... digam-me se conhecem algum!...), não se oferece um único livro sobre a maneira de (desculpem a expressão, que antes eu detestava, que é um pouco vulgar, mas que me parece importante) de bem "fazer o amor", de bem viver a relação sexual. E com isso os casais cristãos, como os outros, vivem uma sexualidade de bárbaros. Não tenho tempo de lhes dizer agora como depois evoluí, graças às confidências e averiguações que fiz junto de certos casais. O que lhes digo, como coisa que não foi feita e que se impõe, é que é absolutamente preciso guiar os casais para a perfeição humana e cristã da relação sexual.

Foi praticamente só no final do século XVIII, e praticamente só no ocidente, que se começou a fazer uma ligação entre vivência da sexualidade no casamento e o amor. Até essa época, e praticamente em muitas culturas ainda hoje em dia, casamento é uma coisa – uma realidade social, que cuida do patrimônio, da família, da legitimidade – outra coisa é amor, e outra ainda é sexo como fonte de satisfação e de prazer. Sim, até o final do século XVIII, não se fazia essa ligação entre sexualidade, casamento e amor. Menos ainda se fazia ligação entre casamento, sexualidade e santidade.

Apenas três exemplos. Santa Francisca Romana, que morreu em 1447, em Roma. Sua biografia oficial diz: "Ela dormia em cama separada, e não com seu marido Lourenço. Principalmente nos primeiros tempos, a intimidade conjugal parecia-lhe de fato repugnante... tinha mal-estar *tão grande*, a ponto de sofrer acessos de vômito. A certa altura, o marido a liberou dessa obrigação".[1]

---

[1] A. Montonati, *Le mani che guarirono la cità.*

Uma outra Santa, um pouco mais antiga, Santa Doroteia de Montan, que morreu em 1394. Sua biografia traz o seguinte: "Diziam que era 'preguiçosa na cama e zelosa somente em se flagelar'; para se dedicar à ascese, sentiu-se obrigada a arruinar sua vida conjugal e familiar...".[2]

O terceiro e último é Lutero. Ele não acreditava que o casamento fosse um sacramento no sentido católico. E dizia que o casamento é um modo difícil e desagradável de vida. Segundo ele, o cristão que vive segundo o espírito não precisa do casamento. Apenas o cristão que vive conforme a carne, só esse é que precisa de casamento. E continuava dizendo que o sexo é consequência do pecado original. O desejo, o ardor do desejo, a sujeição da mulher ao homem, as dores do parto e as dores da paternidade, tudo isto só existe por causa do pecado. Repetia Santo Agostinho e mais outros antigos. Se não fosse o pecado, Deus teria dado um jeito de pôr gente no mundo sem precisar da colaboração sexual dos casados. Acabava dizendo que, apesar de ser necessário, o sexo está rodeado de vergonha e impureza.

---

[2] Tullo Goffi, *Spiritualità del matrimonio*, 122.

Na primeira metade do século XX, é que se começou a levar em conta a dimensão lúdica e prazerosa do sexo no casamento. Dimensão lúdica, é a dimensão da brincadeira, o divertir-se, o alegrar-se sem maiores preocupações. Foi só nessa altura que começamos a perceber mais claramente que o sexo é uma forma de relacionamento, de contato entre as pessoas.[3] Aliás, hoje ainda, lendo um trecho de Santo Agostinho, vi que ele, apesar de tudo que dele se diz, afirma que no casamento o sexo não é apenas para gerar filhos, mas também para favorecer a convivência entre homem e mulher, a convivência na paz, na alegria e na felicidade.

Se foi só no começo do século passado que houve uma abertura na maneira cristã de olhar para a sexualidade, podemos encontrar um exemplo bastante raro, ainda lá em 1700 e pouco. É Santo Afonso de Ligório, fundador da congregação redentorista, grande moralista e padroeiro dos confessores e moralistas. Já naquele tempo, pelo menos em quatro lugares de suas obras, ele diz: "A união intima dos esposos produz aumento de seu amor, faz os dois crescer no amor. Seu encontro sexual

---

[3] Sílvio Botero, *O amor conjugal*, cap. 11, Ed. Santuário.

serve para que expressem o amor conjugal, e é para eles forma de reconciliação".[4]

Quanto ao modo de pensar atual, sem pretensão de ser completo, podemos lembrar também Paulo VI. Ele escreve que, pela entrega e pelo dom pessoal de um ao outro, que são próprios e exclusivos do casamento, os esposos caminham para a comunhão e a união de seus seres. Caminham em busca do aperfeiçoamento mútuo; eles se unem para crescer, para se aperfeiçoar, para se tornar melhores; e, claro, também colaboram com Deus.[5] E no Concílio Vaticano II encontra-se aquela passagem da *Gaudium et Spes*, no número 49, que diz que a vivência da sexualidade conjugal nasce do amor-caridade infundido por Cristo no coração do homem e da mulher, e é manifestação desse amor-caridade.

É um modo novo de ver a sexualidade. O que leva os esposos a se unir e encontrar-se sexualmente não é apenas uma inclinação natural, não é apenas o fogo da paixão, não é apenas a procura de uma satisfação; é resultado de um impulso que vem de Deus, um impulso de caridade. Deus coloca no coração

---

[4] Opera moralia. *Theologia moralis*, vol. IV. Lib VI, Tract. VI, cap. 2, dub. 2, n. 909, p. 93.

[5] Paulo VI, *Humanae vitae*, n. 8.

do homem e da mulher, do esposo e da esposa, um amor que vem de cima, que não é apenas o amor natural. E esse amor, que vem de Deus, leva marido e mulher a se unir no encontro sexual, na doação do casamento.

Entre os precursores desse novo modo de ver, está Pe. Caffarel que, em um texto que todos vocês conhecem, falando dos aspectos do carisma que ainda não tinham sido bem compreendidos pelas Equipes de Nossa Senhora, escreve: "[Um] Segundo ponto que não foi visto de maneira suficientemente clara: a sexualidade no matrimônio. Não a desconhecíamos, e aqueles casais jovens tinham até muita facilidade de falar nesse assunto de modo descontraído. Mas, apesar disso, não aprofundamos o problema, não aprofundamos o sentido humano e o sentido cristão da sexualidade. Não ajudamos suficientemente os membros das ENS a alcançar a perfeição da sexualidade, a perfeição cristã da sexualidade".[6]

1. Perfeição e santidade

Apresentado assim o problema, vamos dar o primeiro passo. Todos somos chamados à

[6] HENRI CAFFAREL, *Discurso de Chantilly* (1987), p. 17.

perfeição e à santidade. Para isso existimos, para chegar a nos realizar plenamente. E essa perfeição não é apenas perfeição espiritual da alma, é a perfeição completa da pessoa toda. Isso quer dizer aperfeiçoamento, vamos usar essa linguagem, de sua alma mas também de sua realidade corporal; perfeição, crescimento nas virtudes, mas também crescimento nas habilidades profissionais, na cultura, no crescimento intelectual, artístico, científico, perfeição também quanto à vida corporal, mantendo boa saúde, fazendo exercício para manter uma boa forma, cuidando da aparência, sendo bem educado e de bom relacionamento. A perfeição, para a qual somos chamados, inclui tudo isso. Não só oração, não só prática dos sacramentos, não só prática das virtudes, mas viver plenamente como ser humano, chamado a ser participante na vida do próprio Deus. Toda essa nossa realidade pessoal, tudo que somos tem de voltar-se para a perfeição, e encontrará sua plena realização na união com a Trindade, união de vontade, mas também união de participação na própria vida da Trindade. Somos chamados para essa plenitude religiosa, cultural, eclesial, civil, artística, desportiva, e tudo mais que vocês quiserem. É toda a pessoa que tem de crescer, para chegar a ser o que Deus quer que ela seja. Podemos dizer que somos chamados por Deus para atingir o ponto mais alto possível da evolução da humanidade e da pessoa humana. Essa é a perfeição que queremos procurar.

2. Sexualidade e santidade

De nossa realidade humana faz parte nossa sexualidade

Mas o que a sexualidade tem a ver com essa perfeição, com essa santidade, entendida nesse sentido global e que abarca toda a realidade humana? Somos homens ou mulheres, não apenas na diferença do corpo; somos homens e mulheres em tudo e para tudo; pensamos como homem ou pensamos como mulher. Não pensamos do mesmo jeito; acho que os casados já perceberam isso. Não sentimos do mesmo jeito, não conhecemos as coisas do mesmo jeito, não nos relacionamos do mesmo jeito. É só ver como muda seu jeito quando você fala com uma mulher, ou quando fala com um homem. Somos homens e mulheres em tudo, principalmente amamos de maneira diferente como homem ou como mulher, e comunicamo-nos de maneira diferente. A sexualidade, o ser homem ou mulher, é a primeira qualificação do dom da vida que recebemos. Deus não nos criou apenas como seres humanos em abstrato, mas como homens e mulheres. Se essa é nossa realidade, podemos logo dizer então que é como homens e mulheres que devemos buscar a perfeição e a santidade. O homem é santo de um jeito, e a mulher é santa de outro jeito. E será assim por toda a eternidade, também lá no céu.[7]

Ser homem, ser mulher é também nossa maneira de manifestar Deus. Deus criou o homem a sua imagem e semelhança; melhor: Deus criou o homem e a mulher, cada um sendo sua imagem e semelhança de uma maneira própria, de tal maneira que os dois, homem e mulher, em sua existência, em sua complementaridade, mostram imagem mais completa de Deus. Como se fossem duas peças que se juntassem para dar uma imagem de Deus.

É principalmente como homem e como mulher que temos de desenvolver nossa capacidade de amar; nossa capacidade de amar que significa sentir atração pelos outros. Quando se fala em atração, logo se pensa em procura de relaciona-

---

[7] Falando para casais das Equipes de Nossa Senhora, não vem ao caso examinar as questões referentes aos gêneros.

mento sexual. Não necessariamente. Amar é ser atraído, amar é atrair; amar é também ter afeto para com a outra pessoa. Não é apenas coisa da cabeça, mas é coisa também do coração. Amar é notar, é procurar, é encontrar, é ficar com; amar é dar e receber. E tudo isto fazemos sempre como homens e como mulheres. Assim também é que temos de crescer na direção da perfeição que Deus nos possibilita. Isso exige que desenvolvamos as potencialidades de nosso ser sexuado. Você tem de ser homem e mulher, no sentido mais pleno e mais completo; você tem de crescer como homem e como mulher; você tem de controlar suas limitações de homem e de mulher, mas também tem de aproveitar suas potencialidades como homem e como mulher.

Você precisa fazer dessa diferença, que marca seu ser, linguagem para se relacionar com os outros. Você precisa aperfeiçoar-se. Eu diria, nascemos macho ou fêmea, e tornamo-nos homem ou mulher. Temos de desenvolver esse patrimônio que Deus colocou em nós.

Da realidade humana faz parte também a sexualidade conjugal, que, portanto, deve levar pessoa e casal à perfeição

Dessa realidade humana, que deve ser desenvolvida e levada à perfeição, e nos deve levar à perfeição, faz parte a sexualidade conjugal. Por isso, também a sexualidade conjugal tem de ser levada à perfeição e levar o casal para a perfeição. No casamento, o relacionamento entre homem e mulher é fundamentalmente um relacionamento sexuado, ou seja, entre um homem e uma mulher. Mas não é apenas isto. No casamento há também um relacionamento plenamente sexual. No casamento, ele e ela unem-se como homem e mulher, da maneira mais completa e mais plena possível. Essa não é uma realidade meramente biológica; é algo que tem de ser vivido como caminho de crescimento, de amadurecimento, de aperfeiçoamento, de maior alegria, de maior felicidade, de maior encontro, de maior contato com Deus nosso Senhor.

É claro, quando falo em relacionamento sexual, não estou pensando apenas na cópula. O relacionamento sexual no casamento é uma realidade ampla, que abrange toda a convivência de marido e de esposa. É todo um relacionamento diferenciado, especial entre este homem e esta mulher. Este homem diferente de todos os outros e esta mulher diferente de todas as outras. E foi exatamente por ser ele e por ser ela, exatamente por isso é que se procuraram, por isso mesmo é que se atraíram e se aceitaram e se fizeram parceiros de vida. Relacionamento sexual, em sentido amplo, que abrange toda a vida, desde um mais simples olhar, um piscar de olhos, um sinal de cumplicidade, um sorriso, até a mais fervente noite de amor. Confronto que é caminho de crescimento, de procura de amplitude da vida, sendo ele sempre Adão para ela, sendo ela sempre Eva para ele. Somente assim um dará respostas aos anseios e às necessidades do outro.

A convivência conjugal, isto é, o conviver com um homem, com uma mulher, antes de ser com este homem e com esta mulher, essa convivência no amor, na ternura, na partilha, na cumplicidade, nas brincadeiras, nas alegrias, nas solidariedades, é esse conjunto que é caminho de aperfeiçoamento humano, para ele e para ela. Aperfeiçoamento natural e sobrenatural. Aperfeiçoamento na realidade corporal e na realidade sobrenatural. É a convivência toda que tem de ser caminho de descoberta e de crescimento. Por isso toda essa realidade vivida pelo casal precisa ser valorizada, não pode ser tratada como coisa secundária. Todo dia, toda semana, todo ano têm de ser vivido nesse relacionamento de amor, nesse atrair, nesse afastar, nesse roçar, nesse esfolar-se de vez enquanto, para reencontrar-se sempre de novo. É esse conjunto de gestos, de carinho, de palavras, é nesse relacionamento não apenas sexual, é nesse relacionamento sensual de convivência e de diálogo amoroso que vocês têm de crescer. Relacionamento não só sexual, mas também sensual: gostar de olhar para ela e para ele, ficar admirando seus músculos, apreciando seu perfume, ou melhor, seu cheiro, seu jeito de ser. Quando entramos em um museu, ficamos olhando pormenores, porque é neles que se esconde a perfeição. Assim deve ser o relacionamento conjugal; encantar-se com os olhos do outro, com seu requebro, com o sorriso de alguém, dessa pessoa que é única e isso. O casal que vive assim esse relacionamento chegará mais perto de Deus, se o viver de coração aberto, generosamente. No amor, é preciso aprender a ver, olhar, descobrir coisas que se escondem por de baixo das coisas rotineiras da vida. É assim que o casamento poderá ser para você caminho para o céu e para o crescimento.

3. Vivência da sexualidade conjugal, realidade sacramental

Mas há outro aspecto que não podemos esquecer na vida conjugal. Sabemos que os sacramentos nos colocam em relação com Deus e nos ajudam a crescer nessa união. Pois bem, o casamento é também um sacramento. Melhor dizendo, toda a vida conjugal é sacramento, toda a vida conjugal é uma realidade humana, na qual se manifesta o poder de Deus que salva, é uma realidade humana, na qual está o poder de Cristo, filho de Deus, que nos pode transformar. Você, que procura a eucaristia como caminho para chegar a Deus, não se esqueça de procurar no sacramento do matrimônio um caminho para chegar a Deus. Vida conjugal que é sacramento, não só quando vocês estão rezando, mas também quando convivem, quando se manifestam amor e ternura, quando se unem como esposo e esposa, na entrega mútua, na procura de felicidade dada e recebida. As manifestações da sexualidade conjugal são canais de graça, aumentam a vida da graça, unem o casal mais intensamente a Cristo. Vocês se preparam para a comunhão, procuram purificar a alma e o coração. Vocês se preparam para o sacramento da penitência. Já tiraram a conclusão: então, vocês têm de se purificar, de se reconciliar para viver o sacramento do matrimônio, para viver esse momento de amor, de entrega e de confiança, que é sacramental. É preciso que se aproximem do sacramento com o coração puro. Isso não quer dizer que devam abafar o desejo, a atração, o fogo, não. Mas, vivam tudo isso de coração puro. Vivam tudo isso como caminho para chegar a Deus, vivam tudo isso como sacramento, como coisa santa. O encontro sexual conjugal é sacramento de encontro com Deus, que une o casal; é fonte, é manifestação, é reforço do amor-caridade. Já o vimos: esse amor, que está em seu coração, foi ali colocado por Deus. Quando você participa da eucaristia, cresce a caridade que está em seu coração, ali colocada por Deus; ela cresce também quando você vive plenamente seu encontro conjugal. Esse encontro é reforço do amor-caridade, serve para aperfeiçoamento natural e sobrenatural da pessoa e do casal.

Por isso todos os componentes dessa convivência conjugal precisam ser valorizados, não é uma obrigação; precisam ser valorizados, porque você não pode perder uma riqueza tão grande. Todos os componentes da vida conjugal precisam ser valorizados e cultivados pelo casal que procura a perfeição e a santidade: o muito antes, o logo antes, o momento saboreado da entrega, a aceitação, os gestos, as palavras, os toques, o jogo, a alegria, o prazer, o logo depois, o muito depois e até o sempre depois. Nada disso pode ser passageiro na vida do casal. Deve ser vivido como caminho de perfeição. Ou seja, todo encontro, de certa maneira, tem de terminar em uma eucaristia, em um grande impulso de agradecimento e louvor a Deus e de entrega a Cristo, que une vocês.

Mais ou menos assim acho que vocês perceberam em que sentido a sexualidade conjugal deve ser canal, caminho de crescimento e de perfeição. Então, nesta altura, se estivéssemos em um Retiro, seria hora de iniciar outra meditação. Seria preciso analisar e desenvolver esse tema, descendo a pormenores e dando exemplos concretos de como os elementos da vida conjugal podem ajudar no crescimento e na perfeição do casal. Mas o tempo corre; vou deixar isso para outra oportunidade, contanto que vocês procurem outro para lhes falar.

4. Sexualidade conjugal

Nesta altura já podemos considerar a vivência cristã da sexualidade conjugal. Depois do que vimos, fica bastante claro que, no casamento, o relacionamento entre homem e mulher é fundamentalmente um relacionamento *sexuado*, mas não apenas isso é também um relacionamento plenamente *sexual*. Por isso essa vivência conjugal supõe que ambos estejam razoavelmente maduros em sua sexualidade e dispostos a crescer sexualmente como casal. Não pode nascer esse relacionamento de uma procura motivada por necessidade de dependência. Quem está procurando mãe substitutiva, ou pai substitutivo, não está apto a enfrentar a realidade matrimonial como relacionamento sexuado e sexual de duas pessoas razoavelmente maduras.

Diálogo de amor

Quando falamos em relacionamento *sexual*, não estamos pensando apenas no coito, na cópula. Estamos pensando o relacionamento sexual em um sentido amplo, que abrange todo o relacionamento único com essa pessoa enquanto especial. É preciso que ele seja em tudo e sempre Adão, é preciso que ela seja em tudo e sempre Eva, porque somente assim um responderá às necessidades do outro. O problema é que o relacionamento sexual do casal muitas vezes se restringe apenas ao coito, apenas ao encontro genital. Com isso, ambos continuam profundamente infelizes, vivem profundamente insatisfeitos, porque de fato não encontraram no parceiro *um homem*, não encontraram na parceira *uma mulher*. Sua vida acaba sendo frustração contínua e, com toda a probabilidade, fracasso anunciado.

Assumir a lei do amor

Para que o relacionamento, a vivência sexual da vida conjugal seja verdadeiro e continuado diálogo de amor, é preciso que um e outro assuma a lei do amor. Todo o relacionamento sexuado e sexual entre marido e mulher deve expressar o amor. Ou seja: sempre, em qualquer circunstância, estão frente a frente como marido e mulher, por escolha livre e pessoal. De tal maneira que, por meio do relacionamento esponsal, um esteja a dizer continuamente ao outro: "Você é importante para mim, ser único e especial em minha vida, eu escolhi você". Ou seja, é preciso que mutuamente se apreciem e valorizem sempre e em tudo. Esse estar frente a frente, esse conversar, esse contínuo estar com o outro, esse ir para o mesmo leito tem de ser manifestação de apreciação. Toda a vida conjugal e, de maneira especial, o "fazer amor" tem de levar o parceiro a perceber que é importante para o outro, a pessoa mais importante do mundo. Todo o relacionamento, a toda hora, tem de ser manifestação de afeto, desse afeto que é algo indefinível, impacto causado por alguém que é percebido como único e insubstituível, que rouba o coração, e é percebido como resposta a uma sede e a uma fome de muito tempo.

Assim o relacionamento plenamente sexual entre marido e mulher, em todas as circunstâncias da vida, será manifestação de uma atração continuada. Será fruto do perceber-se diferente, do perceber-se carente do outro, do perceber-se como dom para o outro e do perceber o outro como dom para si. É essa atração que possibilita ao casal ser casal. Essa atração é que faz o casal, atraindo-se mutuamente, de certa maneira levitar acima das realidades da vida e conseguir passar por cima das dificuldades. Quando um deixa de ser necessário para o outro, quando deixa de ser resposta, perdeu sentido a existência desse casal.

Cada encontro, em suas diversas formas, tem de ser acolhida de uma satisfação. É preciso que cada um saiba, continuamente, que está sendo para o outro satisfação em sua vida, que está sendo para o outro resposta, ainda que limitada, para suas necessidades. Não tem sentido a vida conjugal se um não for continuamente para o outro palavra de resposta sexual, palavra de acolhida, oferta, admiração, confiança, promessa, repouso, alegria, fruição, carinho...

Todo encontro do casal seja oferta contínua, oferta de disponibilidade contínua. Mas é preciso que haja acolhida, porque uma das grandes tristezas da vida humana é a oferta sem acolhida. A convivência seja marcada pela admiração. Ele(a) tem de ser o milagre de sua vida, milagre que você jamais se cansa de admirar. Ele(a) tem de ser o foco de sua atenção, o primeiro foco, em torno do qual tudo mais se organiza. Todo encontro do casal deve ser encontro que manifesta confiança e será sempre promessa. Diante da insatisfação do momento presente, um estará sempre a dizer para o outro: amanhã será melhor, ou melhor, amanhã serei melhor.

Todo encontro, e não só o do leito de amor, será sempre procura de ambos por repouso. Repousar é parar. Que ambos, vivendo essa lei do amor, tenham tempo um para o outro, não se vejam apenas de passagem, mas que sua *convivência*, em todos os sentidos e em todos os aspectos da vida conjugal, seja centro de gravidade para sua vida. Repouso, alegria; é preciso que desse relacionamento sempre nasça a alegria. Alegria que é satisfação por um bem possuído. Se você *tem* esse homem, se você *tem* essa mulher, você de fato *terá* essa pessoa apenas se souber e puder fruir desse dom na alegria.

Lei do amor é que amor conjugal só existe entre pessoas iguais em dignidade e igualmente respeitosas uma da outra, que entre elas não exista nem mando, nem dominação, nem submissão, nem negociação, nem compra e venda. Assumir a lei do amor significa jamais usar o outro, muito menos sexualmente. Significa sair de si, abnegar-se. Significa jamais se colocar antes ou depois, mas sempre lado a lado, ou melhor, frente a frente e voltados para o mesmo horizonte.

Cultivar o amor

Para viver cristãmente a sexualidade não basta assumir a lei do amor, é preciso cultivar o amor. O amor como atração pode embotar-se, pode ir perdendo sua força e seu impulso. O amor como afeto também pode diminuir e pode acabar ou pode mudar. O afeto é mutável e é preciso que tenhamos continuamente nas mãos as rédeas do coração. O amor como escolha, como aliança, como decisão, o amor no sentido mais racional também pode ser destruído por uma decisão contrária. É preciso que continuamente estejamos reafirmando, reforçando essa nossa decisão, porque do contrário facilmente nos deixamos atrair para outras decisões. Para evitar essa volubilidade da atração, do afeto e da decisão, é preciso redescobrir, cada dia, os motivos para amar.[8]

É preciso redescobrir, cada dia, os motivos para amar, porque hoje você não é o mesmo que ontem. Hoje, seu marido, sua mulher, não são a mesma pessoa de ontem. Redescobrir os motivos de amar, estudar sempre o mapa do rosto do outro, redescobrir, descobrir sempre de novo indícios e gestos, palavras e subentendidos, o alçar ou baixar de ombros, o erguer ou baixar a cabeça, e descobrir, em cada um desses sinais, novos motivos para amar. Se você quer amar sempre seu marido, é preciso que cada novo cabelo branco seja

---

[8] H. Caffarel, *Nas Encruzilhadas do Amor*, p. 25: "Esse conhecimento deve necessariamente ser atual. O conhecimento que se teve do outro no tempo do noivado, ou no começo do casamento, não é esse que faz viver o amor de hoje. Conhecer-se 'de cor', isso não existe no amor: não existe amor vivo, a não ser que a cada instante um reflita a vida do outro, como o lago reflete o céu, o jogo da luz nas nuvens, as árvores da margem, o voo dos pássaros que passam... O lago não reflete a paisagem de ontem".

motivo de amor. Se você quer amar sempre sua mulher, é preciso que cada nova ruga seja nova razão para amar. Redescobrir os motivos para amar. Reafirmar a escolha e a aliança. Amadurecer essa escolha, essa aliança, na linha da caridade. Você fez sua escolha sob um impulso que veio de Deus. Então, deixe-se levar e elevar cada vez mais por Deus. Aproxime-se cada vez mais de Deus e irá aproximar-se também cada vez mais de seu marido, de sua mulher.

Cultivar o amor em toda a vida, mas cultivar o amor também de maneira especial cada vez que, como diz o padre Caffarel (aceitando a expressão vulgar, mas que pode ter um sentido muito sério), cada vez que se faz amor. Cada vez que se faz amor é preciso que o amor seja reconstruído e seja aprofundado, seja reafirmado e traga cada vez sempre de novo uma descoberta nova.

Aprender a língua do amor

Para viver plenamente a sexualidade conjugal é preciso aprender a língua do amor. Essa é uma língua abrangente. Linguagem que se traduz em toda a vida do casal, e não apenas no encontro sexual. É preciso aprender *os có-*

digos de linguagem do outro. Para que possa haver um aprofundamento na compreensão entre ambos. Quem quiser cultivar o amor e aprofundar a sexualidade, a vivência da sexualidade conjugal, é preciso que aprenda também *a linguagem da poesia*, que adquira a capacidade de perceber sentidos ocultos por debaixo das realidades aparentemente mais sem mistérios. Nesse ponto, talvez, as mulheres possam ajudar bastante seus maridos, para que tirem um pouco da cabeça tantos números e tantos ângulos, e aprendam a linguagem de um olhar, de um aperto de mão, de um sorriso, de um afago na face, de um estar lado a lado. Também o encontro na cama tem de ser uma celebração da poesia. Que o corpo assuma toda a sua capacidade de comunicação, que a vibração seja total, mas que a vibração não esteja apenas na periferia do corpo, que atinja também esse campo atingido somente pela poesia do amor, que vê o importante e que geralmente está oculto ao olhar mais rápido. É preciso que se *descubra a linguagem do corpo* e se valorizem os ritos do amor, as palavras dessa linguagem do corpo e dos sentidos, em todo o conjunto da lide humana. No fazer amor, mas também no estar simplesmente lado a lado. Para aprofundar essa linguagem e enriquecer os ritos do amor, é preciso haver certos cuidados com todo o ambiente do lar. Ninho macio, pois ninho de espinhos não favorece o amor. Que haja momentos lentamente preparados que favoreçam a vivência da sexualidade.

Da linguagem do amor faz parte fazer-se belo para o outro. Belo não é o mesmo que lindo. A beleza pode estar em um corpo de qualquer idade, transparece no rosto, vem de dentro, como brilho que oculta rugas e manchas. Nasce da alegria, da felicidade do amor dado e recebido. Para falar a linguagem do amor é preciso fazer-se belo para o outro, atraente, mesmo tendo de assumir algum sacrifício.

Dar e receber

Para viver a sexualidade, em um sentido cristão, é preciso aprender a viver esse vai-e-vem contínuo, essa dinâmica, essa polaridade do dar e receber. Em um dos capítulos do "Nas Encruzilhadas do Amor", padre Caffarel[9] chama atenção para esse aspecto: não basta

[9] Página 80: "Quem sabe, durante toda a infância repetiram-lhe essa meia-verdade, que em pouco tempo se transforma em grande erro: amar é doar. Pois bem, isso não é verdade: amar é respirar, inspirar e expirar, dar e receber. O amor morre asfixiado quando esse ritmo não é respeitado".

dar, é preciso também saber receber. Também no relacionamento conjugal essa é a lei do amor, apenas dar, apenas sacrificar-se, apenas pensar no outro, apenas ser apoio, apenas ser solução, isso é negação no amor e pode até ser uma forma de egoísmo. É preciso também encontrar no outro satisfação e felicidade. Afinal não precisamos somente de Deus. E Deus muitas vezes se nos dá, em primeiro lugar, por meio dos outros. Essa lei do dar e receber, que se aplica ao conjunto todo da vida, tem suas exigências inescapáveis no relacionamento sexual, no fazer amor. É preciso que ambos se coloquem em uma atitude de igualdade. Dois sedentos que procuram fonte, dois ricos que trazem um para o outro um copo de água, que pode matar a sede.

É preciso que ambos saibam aceitar, saibam receber, para ajudar o outro a realizar-se plenamente como pessoa, como homem, como mulher. Dar ao outro, enquanto possível, a satisfação. Ajudá-lo a valorizar-se, a reconhecer o valor que tem e a adquirir novos valores. Ajudá-lo a desenvolver confiança em si. Ajudá-lo a viver de bem com a vida. Dar e receber significa aceitar que o outro faça o mesmo por você. Deixar de lado o orgulho e, afinal, reconhecer que o cônjuge é importante para você, por isso notar o que e o quanto ele faz diferença para atrair você.

Amor e fidelidade

Viver cristãmente a sexualidade é desenvolver amor e fidelidade. O relacionamento sexual existe para manifestar e para aprofundar amor e fidelidade. A intimidade sexual é prova de total confiança, de total aceitação de outra pessoa. É palavra final e plena de aceitação de outra pessoa como parceira de comunhão de vida. Casar não é apenas receber o outro em casa. Casar é receber o outro em si, e é claro que, se é aceitação assim tão completa, a contrapartida inevitável é a fidelidade e a exclusividade. O que se espera e o que se promete não é apenas fidelidade física, mas fidelidade plena, total, absoluta. Exclui também o adultério do coração. Não existe, afinal, meia fidelidade nem meia traição. Promiscuidade é aceita só por quem não está interessado em amor, mas em orgasmos.

Para manter a fidelidade é indispensável a guarda do coração e dos olhos. Sem isso é impossível viver cristãmente a sexualidade. O afeto, volúvel por sua própria natureza, é traiçoeiro, repentino, camuflado e mentiroso. Coração desocupado, é coração vadio, aberto para o primeiro que chegar. Nessa brincadeira do afeto é fácil começar, difícil, quase impossível escapar. Quem ama não anda à caça, por isso mesmo anda atento para não se deixar atrair, nem enredar. Sem vigilância, é fácil a sedução.

Amor e abnegação

Viver a sexualidade exige e ensina *abnegação*. Seguindo padre Caffarel[10], podemos dizer: a sadia vivência da sexualidade exige duas pernas e duas asas, o amor e a abnegação. De momento fiquemos com a abnegação. É impossível viver cristãmente a plenitude da sexualidade sem sair de si mesmo, sem renunciar a si mesmo para se abrir ao outro, para se doar ao outro.

É impossível viver plenamente a sexualidade de uma maneira cristã, sem colocar Deus em primeiro lugar, porque, se não o fizermos, infalivelmente, colocaremos o outro a nosso serviço. Note bem, não no lugar de Deus, mas a nosso serviço, a serviço de nossos instintos egoístas. Amar, viver a sexualidade exige respeitar escala de valores. Não

[10] O Carisma Fundador – Discurso de Chantilly (edição revisada), p. 16.

procurar sempre o que é fácil. Exige domínio e autodomínio, tanto no se abster quando necessário, quanto no procurar e no se fazer acessível para o outro. Exige saber dominar-se, dominar instinto e impulsos.

Por isso a vivência cristã da sexualidade exige *ascese*, contínuo esforço na vida espiritual para nos purificar, para nos manter na caminhada, para chegar à perfeição. E a ascese da espiritualidade conjugal cristã exige que se dê o devido valor, nem maior nem menor, à sexualidade, às coisas da carne e do coração. Reconhecer tudo isso como dom de Deus, como caminho para o crescimento, como adiantamento, como promessa de bens infinitamente maiores que, pelo fato de serem maiores e mais perenes, não destroem o valor dos bens e dos dons atuais da sexualidade, o valor do prazer, o valor da satisfação, o valor da tentativa de comunicação entre homem e mulher, mas apenas os relativiza. Para viver cristãmente a sexualidade, é preciso saber colocar a vida sexual do casal acima dos humores do momento, sem escapatórias nem desculpas. É preciso saber de fato entregar-se, saber dar satisfação, mesmo se por um motivo ou por outro esse não seria o melhor momento. Viver a sexualidade na abnegação é saber participar plenamente no jogo, no encontro, no diálogo, no dizer e no responder.

Viver cristãmente a sexualidade exige que se aceite corajosamente a renúncia, sempre e durante quanto tempo for necessária. É na medida em que o casal souber viver cristãmente sua sexualidade, na medida em que tiver conseguido dar conteúdo humano e cristão a seu relacionamento, é exatamente nessa medida que ambos saberão continuar vivendo plenamente sua sexualidade, quando as forças definharem, ou quando certas circunstâncias exigirem que se abra mão de certas manifestações. Viver cristãmente a sexualidade exige a abnegação, que está na aceitação dos limites do pudor do outro, no respeitar seu mistério, tendo paciência e sabendo esperar que se vá revelando aos poucos. Finalmente, para viver cristãmente a sexualidade, é preciso saber assumir o jogo da temperança e da generosidade, da procura e do desprendimento.

5. Sexualidade conjugal e santidade nas etapas da vida

Apenas um último passo, nesta nossa reflexão: a sexualidade conjugal e a santidade devem estar presentes em todas as etapas da vida do casal. No começo do casamento, na juventude, na idade média e na maturidade, a vivência da sexualidade do casal pode e deve ser sempre caminho de perfeição.

A vivência da sexualidade conjugal irá variar de etapa para etapa, a direção é sempre a mesma, mas a paisagem vai mudando, vai mudando também o ritmo dos passos, vai mudando o número das paradas que se vão fazendo cada vez mais frequentes. É claro, estamos falando em etapas, mas não podemos imaginar que elas sejam etapas totalmente separadas uma das outras, distantes entre si. Muitas vezes se passa de uma etapa para outra quase sem perceber. Ao falar dessas etapas não tenho pretensão de ser completo nem de atingir a realidade plenamente. Aliás, vocês, mais do que eu, poderiam falar adequadamente dessa caminhada. O que vou fazer é, quem sabe, uma provocação para que vocês, voltando a suas reflexões pessoais e seus deveres de sentar-se, possam aprofundar e descobrir o que eu não fui capaz de apresentar.

Juventude

No começo de seu casamento estava a primavera do amor, com seus arroubos, mas também os impulsos da graça para o crescimento na caridade, muita generosidade e muita vontade de acertar; tanto que muitos de vocês cedo vieram procurar as Equipes de Nossa Senhora. Nesses primeiros tempos, vocês começam a descobrir suas responsabilidades para com os outros na sociedade, na igreja. Principalmente nesses primeiros anos da vida conjugal, vocês podem fazer descobertas, entre outras, a descoberta da realidade sexual como linguagem de amor, aprendendo a fazer do encontro sexual entrega pessoal, aceitação do outro, em sua totalidade, procura e proximidade. Vocês têm agora uma bela oportunidade para tornar esse impulso, que os leva à união, mais humano, mais esclarecido e, se quiserem, mais poético, quando a realidade carnal se encontra também com a maneira espiritual de olhar as coisas, quando a crueza do carnal pode manifestar também uma maneira poética de olhar para outro, sabendo perceber no outro coisas que só o olhar do amor ajuda a perceber. Vocês, nessa etapa, devem, se ainda não o fizeram, procurar tornar esse seu amor mais cristão. Isso não significa diminuir o ardor, diminuir a alegria, diminuir o prazer e a satisfação; não, mas que vocês vivam isso tudo como filhos e filhas de Deus; não apenas como corpos, mas como pessoas espirituais e carnais, que assim se encontram e assim se doam. Vocês, nessa primeira etapa, encontraram a possibilidade de descobrir que a convivência estreita com uma pessoa do outro sexo, diferente de vocês em tudo, é para vocês uma possibilidade de amadurecimento.

Primavera do matrimônio, grande oportunidade para descobrir a sexualidade conjugal como caminho para encontro com Deus. De modo que sua oração se torne mais íntima e sua participação na eucaristia muito mais rica, muito mais pessoal, muito mais de comprometimento com Cristo. Experimentando as possibilidades e limitações da sexualidade conjugal, vocês podem também descobrir nesse relacionamento o caminho da ascese e suas exigências de abnegação. Bendito Pe. Caffarel que não me deixou esquecer: descobrir e apreender a abnegação, o sacrifício, a temperança, o aceitar as limitações do outro, as limitações do tempo e da hora, as limitações do corpo e também as limitações do espírito. Sigam esse caminho de crescimento, de tal maneira que vocês não se tornem escravos, mas cada vez mais livres. Esse é um tempo para a procura do autodomínio, da temperança, do conhecer a medida, da generosidade, do desprendimento, da partilha da alegria e do bom humor. Relacione-se com essa mulher, com esse homem, para crescer em coragem e fortaleza, e o que você não faria sozinho você fará com coragem, porque ele(a) está a seu lado. Cresçam no carinho, no valorizar o outro, em todos os sentidos, e mostrem isso; não basta admirar, não basta apreciar, é preciso que o outro saiba que está sendo apreciado, valorizado; não basta o carinho no pensamento, ele tem de chegar às mãos, pondo na ponta dos dedos a doçura de um afago. Cresçam procurando cada vez mais uma capacidade maior de perdoar. É o que eu diria para casais que ainda estão nessa primeira etapa da vida, há quinze, dez anos, não sei.

Meia-idade

Temos também a meia-idade, na vida do casal, quando tudo parece estabilizado, os filhos estão na faculdade, alguns já saíram de casa, e agora vocês podem montar no quarto do garoto o escritório que sempre quiseram, o quarto de costura no quarto da filha, tudo parece estabilizado. Está bem. É então hora de fazer uma parada e reavaliar a caminhada até este ponto, os ganhos, as perdas, os empacamentos, as desistências, as renúncias. É hora de parar, justamente para poder recolher força e criar apoio para um impulso maior para frente. É o tempo de retomar o cultivo do amor, do amor como caridade, é claro, mas também desse amor como envolvimento afetivo e carnal com essa pessoa. Você tem de achar um jeito de se deixar de novo provocar pela presença desse homem e dessa mulher, você precisa recuperar o sentido unitivo da sexualidade conjugal. Mas não adiante o encontro dos corpos, se também os espíritos não se encontram, por meio da mútua revelação, do contar a história de sua vida, do partilhar seus entusiasmos e suas tristezas. Está também na hora de procurar redescobrir ou reencontrar o sentido lúdico do encontro sexual, que não é momento de seriedade ou recriminação. Quando você era criança, horas e horas ficava brincando com "boiada" de abacates, com folha de bananeira perfurada com espinho, como se fosse em uma máquina de costura. Lúdico é isso, atividade lúdica é essa, que não procura nenhum ganho, nenhum lucro, simplesmente faz por fazer, porque dá prazer, porque dá alegria, porque alivia o coração e porque dá coragem para enfrentar outros momentos da vida. A senhora minha amiga não pode aposentar-se, a senhora não pode ter como padroeira Santa Francisca Romana ou outra, cujo nome até já esqueci. Você também, meu amigo, não pode ser como aquele Lourenço, que deu dispensa completa para Francisca Romana. Vocês têm de se descobrir como o amante e a amante; melhor vocês têm de se descobrir novamente, encontrando seu jeito adaptado para essa etapa da vida, para ser Adão para Eva, e Eva para Adão.

Esse é o caminho para vocês chegarem à perfeição. Cresçam, diz o Gênesis, mas não só pondo filhos no mundo; cresçam, vivendo o casamento, cresçam pessoalmente, desenvolvam todas as suas possibilidades. Retomem o cultivo do amor, retomem a vivência conjugal também como forma de equilíbrio e de estabilidade espiritual e racional. Aproveitem, agora que já estão na meia-idade, façam de sua vivência da sexualidade assunto de oração. Por falar nisso: em sua oração conjugal alguma vez vocês já conversaram com Deus sobre suas alegrias, desilusões, expectativas, na vida conjugal e sexual? Você já reclamou com Deus que seu marido está jogando você em um canto apagado? Já reclamou com Deus que sua esposa já não é mais aquela? Oração conjugal é para conversar com Deus também sobre isso tudo. E o bom é que a gente falando com Ele, ele e ela também escutam... Façam de sua oração caminho, impulso para o crescimento espiritual e de procura de união com Cristo. Quanto mais vocês reforçarem essa união na meia-idade, mais vocês estarão também reforçando sua união com Cristo.

Vocês têm, na meia-idade, a possibilidade de dar à sexualidade conjugal um sentido mais profundo e mais rico, exatamente porque vivida em uma tranquilidade maior, sem pressa, de maneira mais tranquila e mais saboreada. Poderão redescobrir e encontrar ideias e maneiras de viver o encontro sexual, que não perceberam lá naqueles primeiros tempos, apesar de todos os arroubos. Nessa meia-idade, podem aprofundar a vivência de seu amor como o sacramento que faz crescer na união com Deus, que é cura e consolação, fonte de entusiasmo, fonte de alegria e de crescimento espiritual.

Maturidade

E chegamos à maturidade. Vejam bem, não estou falando de velhice; estou falando de maturidade. É o tempo de redescobrir e reinventar seu jeito de ser homem, seu jeito de ser mulher, seu jeito de ser esposo e ser esposa. Por isso mesmo você nunca deverá descuidar a vivência de sua sexualidade conjugal, apesar de ter de reformulá-la segundo as novas condições. Será preciso fazer uma transposição de tom, como se faz com certas melodias. Vocês precisam, nessa etapa, reencontrar maneiras novas de manifestar o amor, não menos claras, não menos fortes que as que usavam anteriormente. Vocês precisam aproveitar as novas oportunidades que têm de desenvolver sua convivência conjugal, sua vivência da sexualidade conjugal; agora vocês podem estar juntos muito mais tempo. Podem agora se abrir muito mais tranquilamente um com o outro; afinal a convivência de quarenta, cinquenta anos criou em vocês uma confiança absoluta nesse homem, nessa mulher. Essa é a pessoa em quem mais você pode confiar, manifestando-lhe seu amor de uma maneira que até a desperte. Posso brincar? Você entra na sala, e lá está ele com a televisão ligada..., pois tente um beijo gostoso, um abraço apertado, e ele vai acordar surpreso, e, quem sabe, tudo começará de novo. Você chega em casa, ela está de avental e chinelos trocados nos pés. Saia logo, volte para cidade, compre uma bela sapatilha, um belo sapatinho de salto baixo, um daqueles aventais incrementados. Não diga nada. No bolso do avental coloque meia dúzia de botões de rosa. Encontre seu jeito. Falei hoje não sei quantas do fazer lúdico. Então, transforme isso também em uma espécie de brinquedo; façam para o outro agrados, gratuitamente, sem esperar nada, simplesmente porque isso dá prazer a você, e, claro, prazer maior para ele e para ela.

Retome o cultivo do amor, repito, dentro de novas possibilidades, mas com muito mais vagar e muito mais sabedoria. Façam da sexualidade conjugal madura um caminho para crescer no amor de Deus, superando o egoísmo e o comodismo; egoísmo que, de vez em quando, em certos contextos, aparece com nome diferente e muitas desculpas. Façam da vivência madura na sexualidade conjugal caminho de abertura do coração para os familiares. Você será capaz de acolher muito melhor seus filhos e netos, se aprofundar seu relacionamento conjugal.

Façam de tudo, de toda essa sua vida um ato de adoração, de louvor, de agradecimento a Deus. Vocês nem precisam dizer nada, simplesmente na maturidade vivam sua sexualidade conjugal em plenitude, na alegria, da melhor maneira possível, e Deus há de sentir-se sumamente adorado e honrado.

Maturidade. É agora o tempo para saborear as conquistas do amor. Vocês já viram o texto, publicado pelas ENS, *"Colhendo os Frutos do Amor"*? Acho que ali estão algumas boas ideias, para ajudá-los a saborear as conquistas do amor. Saboreie o fato de ter conquistado o coração dessa mulher, que amparou você por cinquenta, sessenta anos. Saboreie a conquista do coração desse homem, que enfrentou tudo para continuar a seu lado. Saboreiem as conquistas do amor, os filhos, aqueles que ainda aí estão e aqueles também que vocês já entregaram nas mãos de Deus. Saboreiem as conquistas dos netos, a alegria que eles podem trazer, mas sem deixar que eles ocupem o lugar dela ou dele. Acolham, na generosidade, essas crianças que trazem de novo o sol e pimenta para sua vida. Façam desses seus anos agora, como casal maduro, façam disso tudo um grande hino para a glória de Deus nosso Senhor.

Conclusão

Bem, casais equipistas, isso aqui foi o que consegui elaborar em um primeiro ensaio sobre o tema. Ensaio para o qual espero complementação. Nessas palavras, terão percebido que não é um caminho fácil esse que achei que devia apresentar como sendo um caminho para a vivência cristã da sexualidade. Por isso é bom não esquecer que uma das leis fundamentais na vida cristã é a lei da gradualidade. Se hoje algo não parece possível, nem por isso devemos negar seu valor, mas reconhecer que amanhã, com a ajuda de Deus, poderá ser nosso caminho.

Tenho consciência que fui incompleto, muitas vezes eu pude apenas trabalhar com alusões. Se ajudei, estou contente.

• Equipes de Nossa Senhora – Equipe Responsável Internacional: *Sexualidade e Espiritualidade Conjugal, Um convite ao Diálogo.*

• Elio Guerriero: *Cartas de amor de uma Santa*, Ed. Santuário.

• Mary Van Balen Holt: *Aliança em quatro estações*, Ed. Santuário.

• Dadeus Grings: *Casamento, amor e sexo*, Ed. Santuário.

• Xavier Lacroix: *O casamento – 7 respostas*, Ed. Santuário.

• Sílvio Botero: *O amor conjugal*, Ed. Santuário.

• Jack Dominian: *Let's make love. The meaning of sexual intercourse*, Darton-Longman-Todd.

• *Colhendo os frutos do amor* (especialmente, o último capítulo), Ed. das Equipes de N. Sra.

ÍNDICE

Este livro foi composto com as famílias tipográficas Angie Pro, Segoe UI e Helvética e impresso em papel Offset 70g/m² pela **Gráfica Santuário.**